螺旋的思辨

思辨的

螺旋

數學中的邏輯結構

U0059077

張遠南，張昶　著

從科學問題到生活應用，都可以用邏輯推演來解決？
看看數學思維如何建構這個世界！

圖形推理法、偽科學、射流技術、命題代數……
從智力遊戲推理到數學史上的世紀難題，
探索「邏輯」如何建構數學的深層結構和思考方式！

目錄

目錄

目錄

序

　　分析必須仔細，論證務求嚴謹。用感知替代分析，用列舉充當論證，這是思維的貧乏，初學的通病。

　　邏輯一詞譯自英語 logic，源自希臘文 logos，本義為思想、思維、理性、言語。現代邏輯一詞是多義性的，它既代表思維的規律性，又代表思維形式及其規律性的科學，還引申表示客觀的規律。

　　推埋是從未知到已知的、合乎邏輯的思維過程。數學的推理與邏輯之間有著千絲萬縷的關係，以至於有不少人認為數學便是邏輯。數學與邏輯之間的這種密切關係，可以追溯到相當久遠的年代。

　　在兩千多年前的古希臘，以德謨克利特為代表的唯物主義思想家和以柏拉圖、亞里斯多德為代表的唯心主義思想家之間的相互辯難和爭論，無疑對古希臘數學的高度發展產生推動作用。邏輯學的發展，把數學知識按假設演繹的方法嚴格加以整理，終於誕生了具有劃時代意義的不朽鉅著，歐幾里得的《幾何原本》。

　　本書並不打算、也不可能對數學邏輯和推理的理論作完整的敘述。作者的目標只是想激發讀者的興趣，並由此引起

他們學習這門知識的欲望。因為作者認定：興趣是最好的老師，一個人對科學的熱愛和獻身，往往是從興趣開始的。然而人類智慧的傳遞，是一項高超的藝術。從教到學，從學到會，從會到用，從用到創造，這是一連串極為主動、積極的過程。作者在長期實踐中，深感普通教學的局限和不足，希望能透過非教學的方法，嘗試人類智慧的傳遞和接力。

由於作者所知有限，書中缺點、錯誤在所難免，敬請讀者不吝指出。

這本書所要講述的內容，是人類知識的一筆巨大財富。在邏輯問題中，有許多趣聞、難題、技巧和引人入勝的東西，它需要讀者反覆思索，才能領會其中的奧妙，並因此感受到無窮的樂趣。作者希望這本書能夠把讀者引進人類智慧的寶山。

但願讀者不會入寶山而空返！

張遠南

一、

從「人機之戰」談起

倫敦某劇院，座無虛席。觀眾正屏氣凝神地觀看臺上魔術大師馬斯特曼教授的精彩表演 ── 「絕妙的記憶術」。

　　突然，「砰！」的一聲槍響，教授應聲倒地，凶手趁人們驚愕之際，逃之夭夭。第二天，報紙頭版頭條刊登這個駭人聽聞的劇場謀殺案。與此同時，報紙的另一版還赫然刊登了以下消息：

　　「目前，英國有 1,000 臺電腦故障！近來，全世界各地相繼出現電腦停止運轉的現象。對此科學家們百思不解。他們說這些電腦並未損壞，好端端的就是不工作。」「美國有 10,000 臺電腦停止運轉，蘇聯有 8,000 臺電腦停止運轉，迄今，全世界停止運轉的電腦總數達 25,000 臺之多！」「美國國家航空暨太空總署表示，這是一個極為嚴重的問題，如果這種現象持續下去，我們的太空計畫將會告吹，蘇聯也將下馬，我們的工作離不開電腦。」

　　以上就是英國作家 L・G・亞歷山大的科幻小說《「萬能腦袋」偵破記》的最初情節。「萬能腦袋」是魔術師馬斯特曼教授的美稱。他具有驚人的記憶力。那天，他正在臺上表演「非凡記憶」的拿手好戲，一個陌生人登上舞臺，遞給他一張字條，上面寫有一長串數字，前 4 個數字是 4967。正當魔術師試圖複述整個數字時，陌生人朝他開了槍。

　　故事以後的情節是這樣的：英國安全局派機靈的諜報人

員卡斯泰，潛入愛琴海的一個小島，那裡有一臺碩大無朋的電腦DOT，它能夠對世界各地的電腦發出訊息，而其本身卻獨立工作。據了解，當全世界數以萬計的電腦接連停止運轉時，DOT工作正常。局長在交代任務時，還給卡斯泰一張紙條，並要其默誦紙條上的字母和一串數字：

「CDS4967543287043789076543」，這是馬斯特曼教授死前兩天交給安全局的。

此後，小說情節高潮迭起，引人入勝。卡斯泰上島後，幾度遇險落難，又幾度絕處逢生，終於靠勇敢和機智，探明了島上的巨大祕密。

原來，5年前兩位才華蓋世的電子工程師奉命來島建成DOT。他們之中，一位來自美國，叫哈德倍克，另一位來自倫敦，叫史密斯。後者主導DOT的設計工作，但兩年前因與哈德倍克不和，離開此地並隱姓埋名，浪跡天涯。從此哈德倍克便主管全島事務。可是此人利慾薰心，企圖謀求控制全世界的電腦，並透過DOT的控制，製造全球性的停機事件，妄圖讓世界陷入恐慌，並聽命於他一人。

與此同時，DOT經過幾年的運轉，逐漸意識到自身的威力。於是它開始自命「元首」，並從哈德倍克手中接管了島上最高權力，打算進一步稱霸全球。只是它對哈德倍克和史密斯略有忌憚，因為他們掌握了DOT的破壞數據。為此，

DOT 一面派人謀殺改名為馬斯特曼的史密斯，一面借卡斯泰上島的機會，殺了哈德倍克。DOT 自以為此舉乾淨俐落，無懈可擊，從此便可高枕無憂。不料，史密斯死前得知世界上大量電腦停止運轉的消息，意識到這是 DOT 暗中作怪，預感人類將經受一場嚴峻的挑戰。良知的驅使下，他毅然將破壞數據送往安全局。

話說卡斯泰上島後，即被 DOT 看中，認為與其留著對自己有威脅的哈德倍克，不如用一個對自己沒有威脅的人來替代。因此儘管哈德倍克三番兩次想處死潛上島來的不速之客，都被 DOT 以元首之命救了下來。哈德倍克被處死後，卡斯泰運用自己的智慧，一面假裝對 DOT 俯首稱臣，一面尋找 DOT 疏漏之處。他進入控制室，撥動電碼撥號系統，以及那串數字：4967543287043789076543。終於制服了不可一世的電腦 DOT，使全世界電腦恢復了正常運轉。

故事到此結束，這實際上是作者精心描繪的一幅人與機器戰爭的景象，雖然沒有滾滾的硝煙和隆隆的砲聲，卻也腥風血雨，險象萬千！

故事中的戰爭雖然以電腦失敗而告終，但讀者不禁想問：「人類的才智果然不及電腦嗎？」「今後會不會發生一場世界性的『人機大戰』？」「會不會有朝一日，創造出電腦的人類，反成為電腦的奴僕？」要回答這一系列問題，還得從

人的思維和推理講起。

　　當人們進行思考時，大腦是怎麼運轉的？可以想像得到，首先閃進腦海的，應該是大量與思考對象相關的事實和結論。這些事實和結論在腦中形成一連串判斷的句子。這些句子在邏輯上稱為命題。這一連串的命題便構成了思考的前提。

　　例如，當我們思考如何保障飛機上的人員在緊急狀態下的安全時，閃現在腦中的命題大概會是：

　　命題 1：物體從高處落下，落體的速度會越來越快。

　　命題 2：人以極大速度落於地面會導致死亡。

　　命題 3：在空氣中，紙張比石頭落下慢得多。

　　命題 4：如果天空有風，那麼風箏將會飄懸在半空。

　　⋮

　　有這些命題作為思考的前提，接下來便是依據這些命題做出合理的推理，降落傘便是這種合理推理的產物。

　　命題有簡單的，也有複雜的。已為人類長期實踐所證實，我們無須證明而認為是正確的命題，叫「公理」。而那些能夠證明是正確的命題叫「定理」。在數學中，我們經常用字母表示數。在邏輯學中，我們則常用一個字母表示一句話。如：

$P =$「天空有風」

$Q =$「風箏會飄懸在半空」

很明顯，P 與 Q 各自代表一個簡單的命題。在命題 4 中，P 是 Q 的前提，因此這是一個複合命題。在邏輯學中，我們常用箭頭符號「→」表示「如果……，那麼……」或「若……，則……」。例如，命題 4 可以用符號寫成：

$$P \rightarrow Q$$

表示式 $P \rightarrow Q$ 稱為一個蘊涵關係。在蘊涵關係中，如果作為前提的命題是真的，那麼作為結論的命題便是可信的。第一個使用降落傘的人，就是相信這樣的推理 —— 用傘狀的布，可以讓自己從高處下落的危險中獲得解救。

一個命題的反義或否定，我們用在代表該命題的字母上，加一橫槓來表示。例如：

$\overline{P} =$「天空沒有風」

$\overline{Q} =$「風箏不會飄懸在半空」

容易理解為：

$$\overline{P} \rightarrow \overline{Q}$$

這個符號的含意是：「如果風箏不會飄懸在半空，那麼天空沒有風。」

關於推理的科學，以後的章節我們會陸續講到，數學與邏輯推理有千絲萬縷的關聯。數學家為我們創造了思考和觀察世界的方法，使人類能夠卓有成效地進行一連串推理。在古代的希臘，研究幾何需要一個歐幾里得那樣的腦袋。而 1637 年，法國數學家笛卡兒（Rene Descartes，1596 ～ 1650）卻告訴人們，如何把幾何問題轉化為代數問題，藉助這種方法，幾何中便不會有多大的難題。同樣地，對複雜的邏輯問題，直接推理常讓人感到智窮力竭。然而，19 世紀中葉，英國數學家喬治·布林（George Boole，1815 ～ 1864）所創立的邏輯代數，卻能輕鬆地解決這類難題。今天，人們把布林的法則輸入電腦，才賦予電腦邏輯推理的神力。

　　不過，電腦雖然能夠出色地使用解析幾何或布林代數的方法，卻不能創造這些方法。創造這些方法的是人！就本質來說，電腦只是人的「模仿」，它必須照人類的安排去執行，僅此而已。對人類來說，重要的是創造。創造這個詞的確很神祕，它是人類的驕傲！

二、

演繹的科學

這是一則寓意深刻的故事。

從前有一個懶人，他有一大甕的米。一天，他躺在米甕邊的一張蓆子上，開始異想天開：

「我將賣掉這些米，並買很多的小雞。這些雞長大後會下很多蛋，然後我把雞和蛋賣了，再買許多豬。當這些豬長大時，便會生許多小豬，那時我再把牠們賣掉，再買回一些水牛。有了水牛，就會有許多小水牛，如果我把牠們賣了，我就有錢買一塊地。有了地，便可以種稻米、甘蔗和穀物。有了收成，我還可以買更多的地。再經營幾年，我就能蓋一幢漂亮的房子。」

「當我蓋好房子，我將娶世上最美的女人為妻子。」

「那時，我是多麼富有，多麼幸福啊！」

懶人興奮了，手舞足蹈，一腳踢翻了米甕。米甕破了，米像水般傾瀉而出，落在骯髒的地面上。此時，鄰居的一大群雞蜂擁而來，把地上的米啄食精光。小雞、豬、水牛、土地、房子和美麗的女人，一切的一切，全都成為泡影。留給這個懶人的，只有一個破了的甕。

這個故事告訴人們：光想是不夠的，更重要的是著手去做。千里之行，始於足下。不過，儘管懶人的結局是可悲的，但他的演繹法卻頗值得稱道。演繹是一種證明的方法，它不是基於經驗或嘗試，也不依賴人們的感官，而是建立在嚴格推理

之上。數學大廈的基礎，正是用這種演繹的方法砌成的。

　　以下我們來研究看看懶人是怎麼進行一連串推理的。首先，他從一甕米開始，提出命題：「如果有米，那麼可以賣掉米，買進很多的小雞」。簡記為：「若有米，則有雞」。這實際上是關於「有米」者的一個命題，不論這有米者是誰。所以這是個大前提。懶人的第二個命題是：「我有一甕米」，這是小前提。如果上述兩個前提為真，那麼推出的結論一定不假。用 P 代表「有米」，Q 代表「有雞」，於是有：

【大前提】$P{\rightarrow}Q$，若有米，則有雞。

【小前提】P，我有一甕米。

【結論】Q，那麼我有很多雞。

懶人接下去的推理是：

【大前提】若有雞，則有蛋。

【小前提】我有雞。

【結論】我有蛋（我的雞會生蛋）。

【大前提】若有雞和蛋，則有豬。

【小前提】我有雞和蛋。

【結論】我有很多豬。

　　⋮

　　以上這些都是演繹法的簡單例子。這種由大前提、小前提和結論三部分組成的演繹推理方法，稱為「三段論法」。

在三段論法中，如果我們承認 $P \rightarrow Q$ 是真實的，而由此推得之邏輯上的合理結論，可以寫成：

$$P \rightarrow Q$$

$$\frac{P}{Q}$$

假如 P、Q 是經驗命題，這表示複合命題 $P \rightarrow Q$ 可能成立，也可能不成立。後者只要舉出一個反例就夠了。例如「凡是雞都會下蛋」、「若有雞和蛋，則有豬」，這些經驗命題都未必是成立的，這正是懶人悲劇之所在。而懶人的演繹推理方法，卻是無可指責的。

又如果 P、Q 是分析命題，例如 P 是「乘法交換律 $m \cdot n = n \cdot m$」，Q 是「$5 \times 3 = 3 \times 5$」，對於規定的「數」和「乘法」，要麼兩者都成立，要麼兩者都不成立。如果我們同意前一個命題，我們也就必須同意後一個命題。複合命題 $P \rightarrow Q$ 在這種意義下被認為是真實的。

兩千多年前的古希臘數學家歐幾里得（Euclid，前 330 ～ 前 275），正是使用「點」、「線」、「圓」、「相交」、「重合」等基本磚塊，在公理的基礎上，透過科學的演繹，建築起宏偉的幾何學大廈。這就是我們今天課本上所說的平面幾何。

以下我們來看看如何透過演繹法，證明「三角形內角和等於 180°」。已知△ABC，各角如圖 2.1 所示。

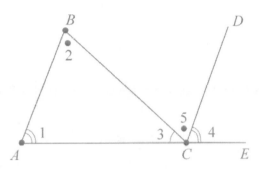

圖 2.1

（1）【大前提】過直線外一點，有且只有一條直線與已知直線平行。

【小前提】C 是直線 AB 外一點。

【結論】存在唯一直線 CD ∥ AB。

（2）【大前提】兩直線平行，同位角相等。（定理）

【小前提】CD ∥ AB。

【結論】（同位角）∠1 = ∠4。

（3）【大前提】兩直線平行，內錯角相等。（定理）

【小前提】CD ∥ AB。

【結論】（內錯角）∠2 = ∠5。

（4）【大前提】若是平角，則等於 180°（定義）。

【小前提】∠3＋∠4＋∠5 為平角。

【結論】∠3＋∠4＋∠5 = 180°。

（5）【大前提】在等式中，一個量可以用它的等量來代替。（公理）

【小前提】∠1＋∠2＋∠3 =∠3＋∠4＋∠5。

【結論】∠1＋∠2＋∠3 = 180°（即為所證）。

我們用符號代表上述相關命題：

L =「A、B、C 為三角形的 3 個頂點，三角形的內角和為∠1＋∠2＋∠3」

M =「C 為直線 AB 外一點」

N =「CD ∥ AB」

P =「∠1 =∠4」

Q =「∠2 =∠5」

R =「∠3＋∠4＋∠5 是平角」

S =「∠3＋∠4＋∠5 = 180°」

T =「∠1＋∠2＋∠3 =∠3＋∠4＋∠5」

U =「∠1＋∠2＋∠3 = 180°」

於是有：

（1）$L \rightarrow M \rightarrow N$

（2）、（3）

$$N \left\langle \begin{array}{c} \nearrow P \\ \searrow Q \end{array} \right.$$

（4）

$$R \rightarrow S$$

（5）

$$\begin{array}{c} P \\ Q \end{array} \Big\rangle \longrightarrow T \Big\rangle \longrightarrow U \\ S$$

整個演繹的過程可以寫成：

$$L \rightarrow M \rightarrow N \begin{array}{c} \nearrow P \\ \searrow Q \end{array} \Big\rangle \rightarrow T \Big\rangle \rightarrow U \\ R \rightarrow S$$

　　要說明的是：推理的三段論法在實際運用中，時常採用省略法。對於大前提不說也明白的情形，可以省略。這在素以簡潔著稱的數學推理中尤為常見。例如：

在△ ABC（圖 2.2）中，

因為 $AB = AC$，【小前提】

所以∠ B =∠ C。【結論】

這裡省略的大前提：「等腰三角形底角相等」，這是眾所周知的。

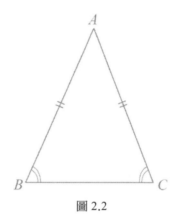

圖 2.2

在小前提內容和大前提關係極為明顯，或結論可以必然推出時，相應的小前提或結論也可以省略。以下的故事可以生動地看到這一點。

約翰·歌德（Johann Goethe，1749 ～ 1832）是 18 世紀德國的一位著名文藝大師。一天，他與一位文藝批評家「狹路相逢」。這位批評家生性古怪，遇到歌德走來，不僅沒有相讓，反而賣弄聰明，一邊高傲地往前走，一邊大聲說道：「我從來不為傻子讓路！」面對如此尷尬的場面，但見歌德

笑容可掬，謙恭地閃到一旁，有禮貌地回答道：「呵呵！我可恰恰相反。」結果故作聰明的批評家，反倒自討沒趣。

在這個故事裡，無論批評家還是歌德，各自都只說一句話，而且這句話都極為簡練和幽默。

批評家推理的三段論法是這樣的：

【大前提】我從來不為傻子讓路。

【小前提】（歌德你是傻子 —— 省略）。

【結論】（我不為你讓路 —— 行動表達，省略）。

歌德推理的三段論法是：

【大前提】我可恰恰相反（即我為傻子讓路）。

【小前提】（批評家你是傻子 —— 省略）。

【結論】（我為你讓路 —— 行動表達，省略）。

雖然歌德和批評家都只講了大前提，但由於是當面對話，又輔以一定動作，所以小前提和結論都省略了。但「聽話聽聲，鑼鼓聽音」，誰都能準確無誤地判斷出對方的意思。

當然，省略法必須運用得當，否則便會隱藏某種錯誤。例如有時我們會聽到學生這樣評論考試：「今天題目很難，因此我考不好。」初聽起來，不覺得有問題。其實這裡隱藏了一個錯誤的大前提：「如果題目很難，那麼一定會考不好。」所以初學三段論法，不要輕易採用省略法。

三、

勒讓德教授的失誤

在〈二、演繹的科學〉中我們說到：巍峨的幾何學宮殿，正是在公理的基礎上，利用「點」、「線」、「圓」、「相交」、「重合」等基本磚塊建造起來的。這個宏偉的幾何學建築，早在西元前 3 世紀，由人類智慧的能工巧匠 —— 古希臘的歐幾里得 —— 建造落成。

　　歐幾里得幾何學（也叫歐氏幾何）基石的公理中，有一條著名的第五公設：「若兩直線和第三直線相交，且在同一側所構成的兩個內角之和小於兩直角，則把這兩條直線向該側延長後，一定相交。」這條冗長的公設，在課本中，已用以下的等價公理來替代：「過已知直線外的一已知點，能且只能作一直線使它與已知直線平行。」因此，歐幾里得的「第五公設」，也被稱為「平行公設」。它還等價於更為簡短的命題 ——「三角形內角和等於 180°」，這個命題應該不會有哪個中學生不熟悉。

　　歐幾里得的第五公設，比其他公理或公設，顯然繁雜許多。大家知道，歐幾里得是在柏拉圖關於幾何體系建設的基礎上，集前人幾何成就之大成，運用嚴格的科學推理，寫出不朽的鉅著《幾何原本》。但在《幾何原本》一書中，似乎歐幾里得本人也很勉強才引入第五公設。在長達 13 卷的鴻篇巨帙中，只有命題 29 直接用到它，此後就不見蹤影。因而長期以來，第五公設成為人們懷疑的對象。

為了使幾何學宮殿的基座顯得更加穩固和不可動搖，在長達兩千多年的漫長歲月中，人們為「推證」第五公設，進行了不懈的努力，然而沒有人能夠獲得成功。在無數失敗者中，最為精彩和撲朔迷離的，應該是法國數學家阿德里安‧勒讓德（Adrien Legendre，1752 ～ 1833）的「證明」。這個似乎天衣無縫的推證，甚至影響到下一節我們將會說到的非歐幾何的誕生。

　　以下我們與讀者一起遊覽一下勒讓德教授建造的「迷宮」，它對鍛鍊我們的思維無疑是有益的。首先，勒讓德證明了以下 3 條定理：

【第一定理】任何三角形內角和不能大於兩直角（即 $2d$）。

證明：用反證法。

　　假設△ ABC 內角和為 $2d + \varphi$（$\varphi > 0$），且∠ $BAC = \alpha$ 為最小的內角。如圖 3.1 所示，設 D 為 BC 的中點，延長 AD 至 B_1，使 $AD = DB_1$，於是，由三角形全等知：

$$\angle DB_1C = \angle DAB，\angle DCB_1 = \angle DBA$$

　　從而，△ AB_1C 的內角和應與△ ABC 的內角和相等，也為 $2d + \varphi$。由於△ AB_1C 的最小內角顯然不大於∠ CAB_1 與∠ AB_1C 之較小者，因而也就不大於∠ DAB 與∠ CAD 之較小者。這表示△ AB_1C 的最小內角應 $\leq \dfrac{\alpha}{2}$。

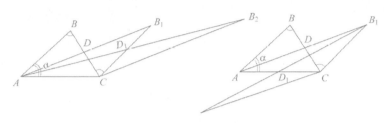

圖 3.1

以上過程可以重複進行（n-1）次，所得第 n 個三角形內角和依然為 $2d + \varphi$，但最小角卻 $\leq \dfrac{\alpha}{2^{n-1}}$。這時，三角形的另外兩個內角之和應不小於

$$(2d + \varphi) - \frac{\alpha}{2^{n-1}} = 2d + \left(\varphi - \frac{\alpha}{2^{n-1}}\right) \qquad (3.1)$$

式（3.1）中，當 n 很大時，兩個內角之和將大於 $2d$，這是不可能的。從而勒讓德第一定理得證。

【第二定理】若存在一個三角形內角和為 $2d$，則所有三角形內角和均為 $2d$。

證明：實際上只要證明此時所有直角三角形內角和為 $2d$ 就可以了。這是因為對任意的三角形來說，都可以像圖 3.2 那樣，看成兩個直角三角形的拼合（圖 3.2 中 B 為最大角，$BD \perp AC$，D 為垂足）。如果直角三角形內角和都等於 $2d$ 的話，那麼，任一三角形內角和為 $2d$ 也就確定無疑了！

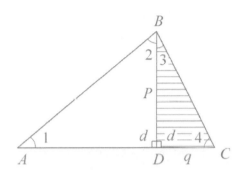

圖 3.2

現在假定△ ABC 的內角和為 $2d$，如圖 3.2 所示，由第一
定理知：

$$\angle 1 + \angle 2 + d \leq 2d$$
$$\angle 3 + \angle 4 + d \leq 2d$$

從而$\angle 1 + \angle 2 + \angle 3 + \angle 4 \leq 2d$，根據假定

$$\angle 1 + \angle 2 + \angle 3 + \angle 4 = 2d$$

所以必有

$$\angle 1 + \angle 2 + d = 2d$$
$$\angle 3 + \angle 4 + d = 2d$$

這就是說，在我們的假定下，至少存在一個直角三角形（Rt $\triangle$），其內角和為 $2d$。就取 $\triangle\,BDC$ 作為這樣的 Rt $\triangle$ 吧！

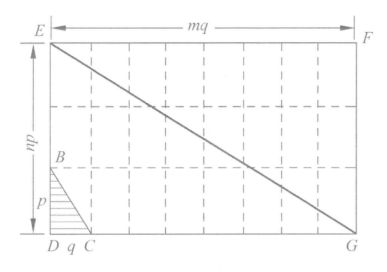

圖 3.3

以下我們說明，把 Rt $\triangle\,BDC$ 的兩直角邊如圖 3.3 分別延長到原來的 m 倍和 n 倍之後（m、n 為正整數），再連 EG，所得大 Rt $\triangle\,EDG$ 內角和也必然為 $2d$。這是因為圖 3.3 中每個小四邊形內角和都是 $4d$（由兩個內角和為 $2d$ 的 Rt $\triangle$ 組成）。從而推知大四邊形 $DEFG$ 內角和也應為 $4d$，於是它的一半 Rt $\triangle\,DEG$ 內角和為 $2d$。

現在轉到一般情形，假令 $\triangle\,MDN$ 是給定的一個 Rt $\triangle$（圖 3.4），由於 m、n 可以根據需求選取，所以我們不妨設

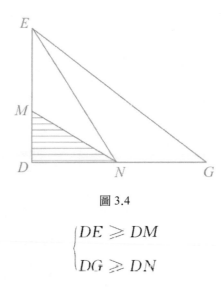

圖 3.4

$$\begin{cases} DE \geqslant DM \\ DG \geqslant DN \end{cases}$$

連 EN，則由 Rt $\triangle\,EDG$ 內角和為 $2d$

$$\rightarrow \begin{cases} (\triangle ENG) \\ \\ \triangle EDN \end{cases} \text{內角和為 } 2d$$

$$\rightarrow \begin{cases} (\triangle EMN) \\ \\ \triangle MDN \end{cases} \text{內角和為 } 2d$$

即證任一 Rt $\triangle$ 內角和均為 $2d$。綜合上述，我們證明了勒讓德第二定理。

【第三定理】如果有一個三角形內角和小於 $2d$，則所有三角形內角和都小於 $2d$。

證明：這是很明顯的，因為根據第一定理，三角形內角和絕不大於 $2d$；而根據第二定理，只要存在一個三角形內角和等於 $2d$，那麼所有三角形的內角和也就都等於 $2d$。因此，如果存在一個三角形內角和小於 $2d$，那麼必然所有三角形內角和都小於 $2d$。證畢。

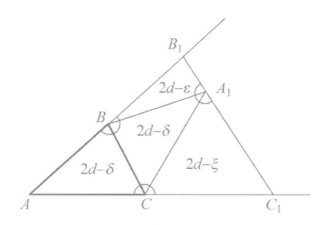

圖 3.5

在證明了上述 3 個定理之後，勒讓德教授又作了以下出人意料的推理，從而把人們引入他所建造的「迷宮」中心。勒讓德教授說：如果有一個△ ABC 內角和為 $2d - \delta$（$\delta >$ 0），則如圖 3.5 作△ ABC 關於軸 BC 的對稱圖形△ A_1BC，過 A_1 點作直線 $B_1A_1C_1$，分別交 AB、AC 的延長線於 B_1、C_1 點。記△ BB_1A_1 和△ CA_1C_1 的內角和分別為 $2d - \varepsilon$ 和 $2d - \xi$（ε > 0，$\xi > 0$）。於是，圖 3.5 中 4 個小三角形內角和相加，應

等於△AB_1C_1 的內角和加上 3 個平角。即△AB_1C_1 的內角和

$$（2d - \delta）\times 2 + （2d - \varepsilon）+ （2d - \xi）- 2d\times 3$$
$$= 2d - 2\delta - （\varepsilon + \xi）< 2d - 2\delta$$

這就是說：「存在一個內角和為 $2d$-δ（$\delta > 0$）的三角形」

→「存在一個內角和小於 $2d - 2\delta$ 的三角形」

→「存在一個內角和小於 $2d - 4\delta$ 的三角形」

⋮

→「存在一個內角和小於 $2d$-$2^n\delta$ 的三角形」

當 n 取很大時，$2d$ 將小於 $2^n\delta$。這是不可能的！它顯示三角形的內角和只能是 $2d$。

以上便是勒讓德教授的全部推證，不用第五公設，而證明了與歐氏幾何第五公設等價的命題。

然而，勒讓德教授並沒有搬掉幾何學大廈的這塊基石。他那似乎「天衣無縫」的證明，有一個地方非常隱蔽地用了另一種等價於「第五公設」的說法。不過，當時很少人能看出錯誤之所在。這個失誤，後來還是由教授本人指出，並作了說明。

親愛的讀者，你能找出勒讓德教授「證明」中的「破綻」嗎？但願你的智慧，能指點你走出這座「迷宮」！

四、

幾何王國的孿生三姐妹

在〈三、勒讓德教授的失誤〉中講到，人們對「第五公設」作為公設的必要性，整整打了兩千多年的問號。為了尋求真理，多少世紀以來，無數造詣頗深的數學家，為嘗試克服平行公設，進行了艱苦的工作，花費了大量的精力和心血。有時，他們也像勒讓德教授那樣，似乎成功在望，但終因發現邏輯上的差錯而前功盡棄。讀者可能已經知道，勒讓德教授的失誤，在於他論證的最後部分，不可避免地要應用到一個命題，即過 $\angle BAC$ 內部一點 A_1，引一直線 $B_1A_1C_1$ 分別與角兩邊 AB、AC 交於 B_1、C_1 點（圖 4.1）。然而恰恰是這個命題，無法踰越第五公設而給予證明。勒讓德教授甚至指出：可以以上述命題替代平行公設，作為歐幾里得幾何學大廈的基石。

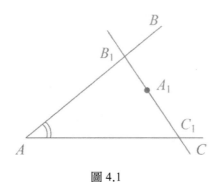

圖 4.1

人類智慧面臨挑戰。在無數的失敗和挫折面前，難免有人卻步，但多數人依舊勇往直前。最富戲劇性的一幕是：

1823 年，高斯（Johann Gauss，1777～1855）的摯友，匈牙利數學家鮑耶，由於終生研究「第五公設」毫無所獲，最後懷著沉重的心情，告誡他那酷愛數學的兒子鮑耶·亞諾什（1802～1860），不要重蹈自己的覆轍，「投身於那些吞噬自己智慧、精力和心血的無底洞」。然而此時的小鮑耶並沒有因父親的警告而退卻。他匠心獨運，從前人的無數失敗中，領悟到要從邏輯上推證第五公設是不可能的。於是他大膽創新，毅然決然地把「三角形內角和等於 180°」，換成「三角形內角和小於 180°」，並以此為基石，建立起一套完整和諧、精妙無比的新幾何體系。

　　1831 年，小鮑耶在他父親的一本著作後面，以附錄的形式，發表了題名為〈絕對空間的科學〉這個富有創見性的新幾何學。老鮑耶寫信請教老朋友高斯，高斯是當時舉世公認的數學泰斗。高斯寫給老鮑耶的回信中，稱讚小鮑耶「有極高的天才」，但他又說「稱讚他等於稱讚我自己，令郎所採用的方法和所獲得的結果，跟我 20 年前的想法相符合」。高斯在信的結尾還說：「我自己的著作，雖然只有一小部分已經寫好，但我本來是終生不想發表的，因為大多數人對所討論的問題存在偏見。現在有老朋友的兒子能夠把它寫下來，免得與我一起淹沒，那是讓我最高興不過的了。」應該說前面這段話的確曾是這位數學大師推心置腹的肺腑之言，因為早

在 1824 年，高斯就曾在寫給朋友的信中這樣寫過：「三角形三內角之和小於 180°，這個假定引導到特殊的、與我們完全不同的幾何，我發展它本身，結果完全令人滿意。」但是，這時初露鋒芒的小鮑耶正躊躇滿志，高斯的回信引起這位數壇新星的極大誤解。他誤認為高斯是運用他崇高的威望，奪取自己關於新幾何體系的發明權，並為此痛心疾首，發誓放棄一切數學研究，在孤獨與苦悶之中，度過了自己的後半生。

差不多與此同時，在俄國的喀山升起了一顆璀璨的新星，他就是俄羅斯的天才數學家尼古拉·羅巴切夫斯基（1792 ～ 1856）。1823 年，羅巴切夫斯基以超人的智慧，在經過長達 8 年的苦心構思後，終於寫成「虛幾何學」手稿。在手稿中，羅巴切夫斯基用另一條平行公設：「過已知直線外一點，至少可作兩條直線與已知直線平行。」（圖 4.2）去替代歐氏幾何的平行公設，建立起一個與歐幾里得幾何同樣嚴謹的新幾何體系。

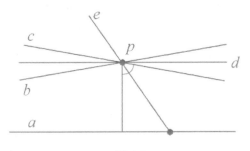

圖 4.2

1826 年 2 月 11 日，羅巴切夫斯基在喀山大學的物理數學論壇上，宣讀了題為〈幾何原理概述及平行線定理的嚴格證明〉的論文，由於這個時間比鮑耶附錄的發表早幾年，所以這個新幾何體系被公認為屬於羅巴切夫斯基，並稱之為羅氏幾何學。而 1826 年 2 月 11 日這一天，則被世人認定為非歐幾何誕生日。

讀者想必希望能更直觀地了解羅氏幾何學，以下是法國數學家彭賽列（Jean Poncelet，1788 ～ 1867）所構造的模型，它將有助於人們對這種幾何學的理解。

把圓心位於直線 l 上的半圓當成「直線」。很明顯，過兩點可以確定唯一的一條「直線」。兩個半圓如果在上半平面沒有交點，則稱它們所表示的「直線」「平行」。圖 4.3 顯示：過「直線 a」外一點 P，至少可以引兩條「直線 b、c」與已知「直線 a」「平行」。圖 4.4 陰影部分是由 A、B、C 3 點所確定的「三角形」。喜歡幾何的讀者不難證明，這樣「三角形」的內角和小於 $180°$。

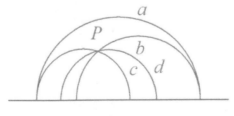

圖 4.3

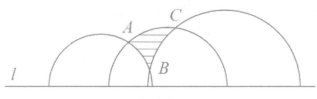

圖 4.4

　　羅氏幾何的發現，打破了歐氏幾何一統空間的觀念，促進了人類對幾何學廣闊領域的進一步探索。

　　1854 年，高斯的得意門生，才華橫溢、譽滿歐洲的德國數學家黎曼（Bernhard Riemann，1826 ～ 1866），在哥廷根大學宣讀了論文〈關於幾何基礎的假設〉，提出另一種既不同於歐氏幾何，也不同於羅氏幾何的新幾何學。在這種新的幾何體系裡，黎曼認為「平行是不存在的」。「在一個平面上，過直線外一點的所有直線，都與這個直線相交」。黎曼用上述命題作為公理，替代歐幾里得的平行公設，並由此推出了「三角形內角和大於 180°」的結論。

　　不過，無論羅氏幾何還是黎曼幾何的誕生，都不是一帆風順的。由於羅巴切夫斯基的天才思想，大大超越了那個時代的認知程度，而且推出的「三角形內角和小於 180°」等結論，與直觀存在矛盾，因此羅氏幾何從誕生之日起，就一直遭受各方的非難，被攻擊為「荒謬透頂的偽科學」。至於黎曼，儘管他在其他方面有極為卓越的成果，但他的幾何理論，一樣沒能得到同代人的讚許。據說在黎曼宣讀論文時，

到場的除了年邁的高斯外，沒有人能完全聽懂。

　　然而，真金是不怕火煉的，烈火的焚燒將更加顯現出真金的本色！就在黎曼逝世的第三個年頭，1868 年，義大利數學家歐金尼奧・貝爾特拉米（Eugenio Beltrami，1835～1900）給出了非歐幾何在歐氏空間曲面上的實際解析，例如把黎曼幾何看成類似於球面上的幾何（圖 4.5）。兩年後，德國數學家克萊因（Felix Klein，1849～1925）也給出了另一種實際解析。他把歐氏幾何稱為「拋物幾何」，因為它的直線有一個無窮遠點；而把羅氏幾何稱為「雙曲幾何」，因為它的直線有兩個無窮遠點；把黎曼幾何稱為「橢圓幾何」，因為它的直線沒有無窮遠點。

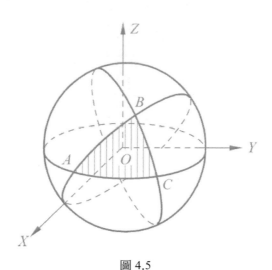

圖 4.5

經貝爾特拉米和克萊因兩人的解析，非歐幾何終於獲得人們的了解。此後，以愛因斯坦相對論為代表的一系列科學成就，使物理學的直觀和幾何學的理論精妙地融合在一起。從而使歐氏幾何、羅氏幾何和黎曼幾何這些幾何王國的「孿生三姐妹」，更加顯得瑰麗無比！

附：歐氏幾何、羅氏幾何和黎曼幾何的對比（表 4.1）。

表 4.1 歐氏幾何、羅氏幾何和黎曼幾何的對比

項目	歐氏幾何	羅氏幾何	黎曼幾何
又稱	抛物幾何	雙曲幾何	橢圓幾何
平行公設	在一個平面上過直線外一點，有且只有一條直線與已知直線平行	在一個平面上至少可以作兩條直線與已知直線平行	在一個平面上過直線外一點的所有直線，都與這一直線相交
直線無窮遠點的個數	1	2	0
空間曲率 K	$= 0$	< 0	> 0
三角形內角和	$= 180°$	$< 180°$	$> 180°$
直觀形象			

五、

否定中的肯定

這是一個有趣的智力遊戲。

老師為了測試甲、乙、丙、丁4名學生的分析推理能力，拿了5頂式樣相同的帽子給他們看，並強調：「這裡有兩頂白帽，一頂紅帽，一頂黃帽，一頂藍帽。」接著他請4人依序坐在4層臺階上，然後要他們閉上眼睛，又為每人戴上一頂帽子。最後，他請學生們睜開眼睛，並判斷自己頭上戴的帽子是什麼顏色。

結果是出人意料的。雖說坐在後面的人看得見前面的人所戴的帽子顏色，但甲、乙、丙3人看了看並想了想，都搖頭說猜不出來。丁坐在最前面，他看不到別人的帽色，但此時卻說他已經猜到自己所戴的帽子顏色。

丁是如何斷定自己的帽色呢？可能聰明的讀者已經猜出遊戲的謎底。其實丁的判斷並不難，他是這樣思考的：

「甲得天獨厚坐得最高，能看到其餘3人的帽子，他為什麼說猜不出來呢？肯定他看到了前面有人戴著白帽。因為假如前面的人都戴其他帽色的話，那他就能猜出自己所戴的非白帽莫屬了。再說乙，她可是個聰明人，甲的想法，她自然瞭如指掌。那麼她為什麼也說猜不到呢？一定是她也看到了前面有人戴著白帽。不然的話，她就會從甲的態度和其他人的帽色，判斷自己戴著白帽。最後說丙，她的智商絕不比乙低，但她為什麼也說猜不到呢？理由只有一個，就是她看

到了我頭上戴著白帽。」

　　就這樣，丁從眾人的否定中，對自己的帽色作了肯定！

　　上面的遊戲可以推廣到多個人，但帽色要比人數少一，而白帽則至少兩頂。推理的方法是一樣的，只是無論結論是肯定的還是否定的，思維都必須符合一定的規律。

　　邏輯思維的基本規律是什麼呢？總括而言，有以下 3 條：

- 同一律：即思維應自始至終保持統一。
- 矛盾律：即思維中兩個相反或不相容的判斷不能都為真。
- 排中律：在思維過程中，對一個邏輯上的判斷，要麼肯定，要麼否定，非假即真。

　　以上 3 條規律，從不同角度，對人類正確思維的一貫性、確定性和無矛盾性提出要求。

　　要指出的是：有不少人以為，由「是」與「不是」構成的句子，一定是相反的判斷。假如其中有一句是正確的，那麼另一句就一定不正確。實際上這種看法未必都對。以下的「阿契貝難題」，可能會使你感到驚訝不已！

　　阿契貝喜歡研究形式邏輯，有一次他遇到下面的兩句話：

　　「×× 是○○○」

　　「×× 不是○○○」

這兩句中,每句前面的「××」表示相同的詞,後面的「○○○」也表示相同的詞。它們的差別僅在於中間的「是」與「不是」。然而,兩句卻都是正確的!可能有些讀者會感到不可思議,其實這是由於腦中過度縈繞著「A不等於非A」這類形式邏輯觀點的緣故。但是,如果兩句話主語用詞雖相同,但所代表的內容卻不一樣,那麼即使表語一樣,也未必會出現邏輯上的矛盾。例如:

「本句是六字句。」

「本句不是六字句。」

這就是阿契貝難題的一種解答。兩句中,前一句與後一句的主語「本句」,其包含的內容是不相同的。

以下的故事將幫助你進一步熟悉邏輯思維的規律。

老虎占山為王,號令百獸。

一天,老虎肚子餓了,想變換花樣抓動物來吃。於是召喚梅花鹿、狐狸、兔子和猴子,要大家說說牠嘴裡的氣味,以考察牠們的忠誠度。

梅花鹿首先被指定回答,牠據實稟報,說老虎口臭很重,結果以「誹謗」罪名被殺。狐狸見勢不妙,立即溜鬚拍馬,說虎大王金口不僅不臭,而且飄香萬里。不料老虎卻不買這個帳,公然承認自己愛吃肉,嘴裡不可能是香的。狐狸也被殺了。兔子膽顫心驚,牠吸取前車之鑑,誠惶誠恐地稟

報：「陛下之口很難說是臭還是不臭。」老虎聽了，勃然大怒，說是絕不允許牆頭草留存世間！最後輪到猴子，猴子抓了抓後腦，畢恭畢敬地走到老虎面前說：「大王，我最近有點感冒，鼻子不通，若能讓我回去休養幾天，等鼻子通了，我就能準確說出大王嘴裡的氣味。」老虎詞窮，只好放走猴子。猴子自然乘機逃之夭夭。

故事到此為止，請讀者用邏輯觀點分析一下，為什麼梅花鹿、狐狸和兔子都無法逃脫厄運，而唯獨猴子能轉危為安？猴子的話有沒有違背排中律？我相信，這些問題將會伴隨你度過一個愉快的夜晚！

有時人們從一些貌似正確、可以接受的約定出發，經過簡明而正確的推理，竟然會得出自相矛盾的結論。這樣的議論稱為悖論。「悖」就是混亂、衝突的意思。例如給定一個命題 A，同時會有：

$$A \to B$$
$$A \to \overline{B}$$

這裡 B 與 $\overline{B}$ 同時為真，這是違背邏輯規律的。

悖論在日常生活中並不少見。某圖書館為了方便讀者，將館藏書每冊一號，編成一本「目錄」。現在問：這本「目錄」本身是否編入目錄中？這樣的問題可能會讓你很為難。

古希臘是一個充滿神話的國家。有一個傳說：一隻鱷魚從一位母親手裡搶走了一個小孩。鱷魚想吃掉這個小孩，又希望名正言順，於是自作聰明地對這位母親說：

「我會不會吃掉妳的孩子？如果妳答對了這個問題，我將把孩子不加傷害地還給妳。」

這位母親思慮片刻回答道：

「呵！呵！你會吃掉我孩子的。」

這樣一來，貪婪的鱷魚遇到了難題：說孩子母親回答的不對吧！那我就可以吃掉她的孩子，但她明明說我要吃掉她的孩子，這豈不又變成對的嗎？如果說她的回答是對的，就是說我要吃掉她的孩子，但我又必須把孩子不加傷害地還她！天哪！這該怎麼辦？

笨拙的鱷魚不知如何是好，為了假惺惺表示尊重諾言，只好把孩子還給這位機智的母親。

悖論源於相當久遠的年代。著名的「說謊者」悖論，出現於西元前 6 世紀。大意是：克里特島上的 E 先生說：「克里特島上的人是說謊者。」不難發現，無論怎麼理解，都將會出現矛盾。

在近代數學中最有影響力的是「羅素悖論」。1902 年，英國數學家伯特蘭・羅素（Bertrand Russell，1872 ～ 1970）針對集合論初創時期基礎理論不夠完善，提出以下著名的問題：

「把所有集合分為兩類，第一類中的集合以其自身為元素，第二類中的集合不以其自身為元素。假令第一類集合所組成的集合為 P，第二類集合所組成的集合為 Q，於是有

$$P = \{A | A \in A\}$$
$$Q = \{A | A \notin A\}$$

問：集合 Q 是屬於第一類集合 P 呢？還是屬於第二類集合 Q？」

從邏輯上來說，這個問題的回答只能是「$Q \in P$」或「$Q \in Q$」兩種，二者必居其一。然而無論哪種回答，都會引申出相反的結論。

悖論的產生，在邏輯上違背了人類正確思維所應遵循的基本規律。對素以嚴謹著稱的數學，悖論自然不能永久允許。但它卻可以促使數學家們去進行嚴肅的思考，並尋找導致悖論的原因，從而創造出一個至少在邏輯上完美協調、無懈可擊的科學理論。

六、

異曲同工的證明方法

在西方，幾乎所有廣告商都熟諳這樣的命題變換藝術。當他們宣傳某件產品時，例如宣傳「芳香牌」精華液吧！除了講明該精華液是如何物美價廉，又如何能使人青春常駐，之後總難免還會加上幾句，如：「芳香牌精華液，愛美的女孩人人喜愛，人人喜愛芳香牌精華液！」初聽起來，這似乎只是幾句普通的讚美詞，然而它所產生的實際效果可大了！奧妙在哪裡呢？原來這後面幾句，變換成等價的命題，就是：「妳不喜愛這種精華液嗎？那妳就不是一個愛美的女孩！」然而愛美是人的天性，難道哪位顧客願意為此而「損失」愛美的天性？方法是有的，拿出錢來買一瓶精華液不就得了！

看！廣告商的目的，就這樣透過巧妙的「命題變換」達成。不過，要徹底弄清其間的奧妙，還得先從命題的真假性談起。

在學校所學的幾何中，想必讀者已經了解命題的 4 種形式：

【原命題】$P \to Q$

【逆命題】$Q \to P$

【否命題】$\overline{P} \to \overline{Q}$

【逆否命題】$\overline{Q} \to \overline{P}$

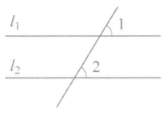

圖 6.1

為了進一步揭示 4 種形式命題間的內在關聯，我們不妨觀察下例（$P \rightarrow Q$）（圖 6.1、表 6.1）。

（1）對頂角相等。

（2）若 $x^2 - 4 = 0$，則 $x = 2$。

（3）兩直線平行，同位角相等。

（4）若是夜晚，必有月亮。

表 6.1 4 種形式命題間的內在關聯

序號	P	Q	$\overline{P}$	$\overline{Q}$
（1）	對頂角	相等	不是對頂角	不相等
（2）	$x^2 - 4 = 0$	$x = 2$	$x^2 - 4 \neq 0$	$x \neq 2$
（3）	$l_1 \mathbin{/\!/} l_2$	$\angle 1 = \angle 2$	$l_1 \not\mathbin{/\!/} l_2$	$\angle 1 \neq \angle 2$
（4）	夜晚	有月亮	不是夜晚	沒有月亮

以上各例，4 種形式命題的真假性對應如表 6.2 所示。「1」表示命題為真，「0」表示命題為假。

表 6.2 4 種形式命題的真假性

序號	原命題 $P \to Q$	逆命題 $Q \to P$	否命題 $\overline{P} \to \overline{Q}$	逆否命題 $\overline{Q} \to \overline{P}$
（1）	1	0	0	1
（2）	0	1	1	0
（3）	1	1	1	1
（4）	0	0	0	0

從表 6.2 容易看出：原命題是真的，逆命題未必也真；否命題是真的，逆否命題未必也真。然而，原命題與逆否命題，逆命題與否命題，它們的真假性卻是一致的。要麼同時為真，要麼同時為假。事實上，這種命題的等價性，並非幾個例子所特有，而是普遍性的規律。例如假定原命題 $P \to Q$ 為真，如果逆否命題 $\overline{Q} \to \overline{P}$ 不真的話，那麼根據排中律，必有 $\overline{Q} \to P$ 是真的。這樣，我們匯出：

$$\overline{Q} \to P \to Q$$

即 $\overline{Q} \to Q$，這顯然違反矛盾律。從而顯示逆否命題 $\overline{Q} \to \overline{P}$ 為真。也就是說，我們證明了原命題與逆否命題等價。同樣，我們也可以證明逆命題與否命題等價。本節開頭講的廣告，正是運用命題的等價變換，讓顧客產生一種購物

的心理效應。

在數學上，命題的等價變換常被用來證明一些很難正面入手的問題，以下是一個精妙無比的例子。

大約在西元前 3 世紀，古希臘數學家埃拉托斯特尼（Eratosthenes，西元前 275 ～前 193 年）提出了一種編造質數表的方法。這種方法類似於篩東西，把不要的篩掉，把需要的留下來。具體做法是：將從 2 到 N 的自然數，按順序排列成

$$2，3，4，5，\cdots\cdots，N$$

然後留下第一個 2，劃掉所有 2 的倍數；2 之後沒被劃掉的第一個數是 3，留下 3，劃掉所有 3 的倍數；在 3 後面沒被劃掉的第一個數是 5，留下 5，劃掉所有 5 的倍數；如此繼續，直至上述一列數中，再也沒有可劃掉的數為止，留下來的便是 N 以內的一切質數。如表 6.3 所示，64 以內的質數共有 18 個。

表 6.3 64 以內的質數

1	2	3	4	5	6	7	8
9	10	11	12	13	14	15	16
17	18	19	20	21	22	23	24

25	26	27	28	29	30	31	32
33	34	35	36	37	38	39	40
41	42	43	44	45	46	47	48
49	50	51	52	53	54	55	56
57	58	59	60	61	62	63	64

可能會有人對這種古老的篩法不屑一顧，那可就大錯特錯了。多少世紀以來，無數優秀的數學家，曾經為尋找質數的表示式做過大量的工作，但始終沒能獲得成功。困擾人類250多年的哥德巴赫猜想，倘若有了質數的表示式，大概也不會是什麼困難的問題。如今人們編造出10億以內的質數表，靠的依然是埃拉托斯特尼篩法，只是略加改進而已。

令人詫異的是：1934年，一名年輕的東印度學生辛答拉姆（Sundaram），提出了一種與埃拉托斯特尼迥然不同的篩法。辛答拉姆首先列出一張表（表6.4）。表中第一行和第一列都是首項為4，公差為3的等差數列。從第二行開始，以後各行也是等差數列，公差分別為5，7，9，11，13，……。

表 6.4 辛答拉姆篩法

4	7	10	13	16	19	22	...
7	12	17	22	27	32	37	...
10	17	24	31	38	45	52	...
13	22	31	40	49	58	67	...
13	27	38	49	60	71	82	...
⋮	⋮	⋮	⋮	⋮	⋮	⋮	

辛答拉姆指出：如果 N 出現在表 6.4 中，則 $2N+1$ 是合數；若 N 不在表 6.4 中，則 $2N+1$ 是質數。辛答拉姆的證明相當精彩。首先，他寫出了第 n 行的第一個數

$$4+(n-1)\times3=3n+1$$

注意到該行是公差為 $2n+1$ 的等差數列，所以此行第 m 列的數是：

$$(3n+1)+(m-1)(2n+1)=(2m+1)n+m$$

現在設 N 是表中的第 n 行第 m 列的數，則

$$N=(2m+1)n+m。$$

於是

$$2N + 1 = 2[(2m + 1) n + m] + 1 = (2m + 1)(2n + 1)$$

所以是個合數。

再設 N 不在表 6.4 中。想正面證明 $2N + 1$ 是質數，是相當困難的。如果換成證明等價的逆否命題，即證「若 $2N + 1$ 不是質數，則 N 必在表中」似乎容易得多。事實上，如果

$$2N + 1 = x \cdot y \ (x , y 為整數)$$

則因 $2N + 1$ 為奇數，x , y 也必為奇數。不妨設

$$x = 2p + 1 ; y = 2q + 1$$

從而 $2N + 1 = (2p + 1)(2q + 1) = 2p(2q + 1) + (2q + 1)$

N 是表中第 p 行第 q 列的數。

綜合上述，我們證明了辛答拉姆篩法的正確性。例如 18 不在表 6.4 中，則 $2 \times 18 + 1 = 37$ 是質數。相反，71 在表 6.4 中，則 $2 \times 71 + 1 = 143$ 是合數，它有因子 11 和 13。

在數學上，有時為了證明命題 R 的真實性，不是從命題 R 出發，而是從它的否定命題 $\overline{R}$ 出發，經過合理的推導，最後引出矛盾，從而得出命題 R 不能不真。這種常見而有效的

證明方法，稱為反證法。反證法一般包含 3 個步驟：

（1）反設：即否定求證的結論。

（2）歸謬：即推出矛盾。矛盾一經推出，反設即被否定。

（3）結論：即肯定原求證結論成立。

反證法常被用於證明唯一性、無理性、無限等問題。對一些不易直接下手，或正面門類較廣但反面卻只有一、兩種的情形，也適宜用反證法。在一些問題中，命題以否定的形式出現，並伴有「至少……」、「不都……」、「不能……」、「不是……」、「沒有……」、「都不……」等指示性的詞語，也從側面提醒我們嘗試用反證法。辛答拉姆證明的後半部分，實際上用的也是反證法。只是當初是從命題變換角度考量罷了。

以下我們看一種有趣的「換色」遊戲，它對於反證法的運用，是一個很好的練習。

在 3×3 方格裡，擺上 9 個圍棋棋子（圖 6.2）。遊戲者每次可以更換同一行或同一列 3 個棋子的顏色。白的換成黑的，黑的換成白的。問能否透過有限次的「換色」，變成圖 6.3 的樣式？

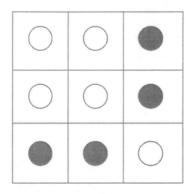

圖 6.2

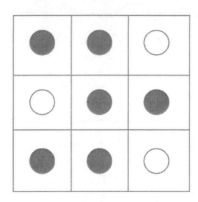

圖 6.3

　　聰明的讀者在幾次嘗試失敗後，一定會猜到結論是否定的。不過，想證明它，可得費一番腦筋！（解答可見〈八、智力遊戲的間接推理〉一節）

七、

維恩的圖形推理法

「直觀，是照亮認知途徑的光輝。」這是著名教育家蘇霍姆林斯基的一句名言。數學中的直觀，往往有助於人們對抽象概念的理解。「集合」是一種抽象的概念，這個詞可以用來表示任何一組東西。只要我們對每個特定的對象，都能說出它是否屬於這個類組就行。

　　用圖形表示集合，首創於瑞士數學家李昂哈德·尤拉（Leonhard Euler，1707～1783）。19世紀末，英國邏輯學家約翰·維恩（John Venn，1834～1923）重新採用了這種方法，把一個集合畫成一個圓。兩個集合的交集，就用兩個相交圓的共同部分來表示；而兩個集合的聯集及集合 A 的差集，分別由圖 7.1 陰影部分表示。這樣的圖稱為維恩圖。圖中的 Ω，是全體研究對象的集合。

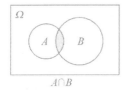
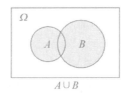
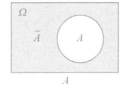

圖 7.1

　　用維恩圖解一些有關集合的問題，常常可以收到意外的效果。

　　例如，某班有學生 45 人，其中 20 人有兄弟，10 人有姐妹，有兄弟又有姐妹的只有 1 人。問該班獨生子女有多少人？

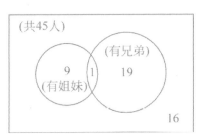

圖　7.2

　　只要畫出相應的維恩圖（圖 7.2），答案幾乎一目了然。

　　用維恩圖作邏輯推理，可能是維恩身為邏輯學家當初的本意。在〈二、演繹的科學〉中，我們提到推理的三段論法。在三段論法中，我們從某些大前提和小前提出發，得到了結論。如：

　　【大前提】所有奇數的平方除以 8 餘 1

　　【小前提】a 為奇數

　　【結論】a^2 除以 8 餘 1

　　每一個三段論法，至少含有 3 個元素或集合。每一個元素或集合，都在三段論法中出現兩次。如上例中含有：奇數集合，除以 8 餘 1 的數的集合，和元素數 a。假定奇數的平方集合為 E，除以 8 餘 1 的數的集合為 M。很明顯，我們有如下關係：

$$a^2 \in E，E \subset M$$

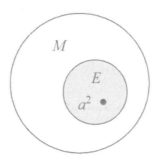

圖 7.3

相應的維恩圖如圖 7.3 所示，由圖推出：

$$a^2 \in M$$

　　同樣，我們可以根據某些提供的前提，透過畫維恩圖來做出結論。例如，對於前提：「有些女孩子愛逛街，所有愛逛街的人學業成績都不理想。」

　　假令 $A = \{$ 女孩子 $\}$

　　$B = \{$ 愛逛街的人 $\}$

　　$C = \{$ 學業成績不理想的人 $\}$

　　由於前提告訴我們：「所有愛逛街的人，學業成績都不理想」，所以 $B \subset C$。又「有些女孩子愛逛街」，從而 A 與 B 必相交。容易根據上面的關係，畫出相應的維恩圖（圖 7.4）。圖中的陰影區表示以下結論：「有些女孩子成績不理想。」

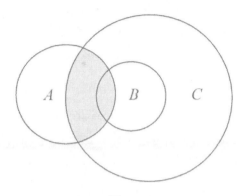

圖 7.4

下面的三段論法顯示了另一種關係：

【大前提】早睡早起的人（A）身體好。

【小前提】有些孩子（C）身體不好（B）。

【結論】有些孩子沒有早睡早起。

由大前提知道 A、B 不相交，由小前提知道 B、C 必相交，相應的維恩圖如圖 7.5 所示。陰影區即為推出的結論：「有些孩子沒有早睡早起。」

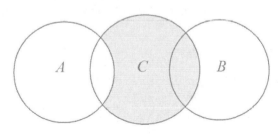

圖 7.5

正如上面看到的那樣，在推理過程中常會遇到「所有」、「有些」、「沒有」、「都沒有」等量詞。這些量詞我們通常用符號 $\forall$ 和 $\exists$ 來表示。符號 $\forall$ 是倒寫的字母 A，這是英語單字 All（所有）的字頭，而符號 $\exists$ 則是字母 E 的反寫，它是英文 Existed（存在）的開頭字母。具體用法如下：

$\forall$ 代表「所有」，如 $\forall xP$ 表示所有的 x 滿足 P；

$\exists$ 代表「存在」，如 $\exists xP$ 表示存在 x 滿足 P；

$\exists!$ 代表「存在唯一」；

$\exists_n$ 代表「存在 n 個」。

例如，判斷「所有勤奮的學生都愛讀書，有些愛讀書的學生視力不好，那麼有些勤奮的學生視力不好」，令：

$A = \{$勤奮的學生$\}$

$B = \{$愛讀書（的學生）$\}$

$C = \{$視力不好（的學生）$\}$

則可用符號改寫為

$$\forall xB，\exists yC \to \exists xC$$

式中 $x \in A$，$y \in B$。

對上述判斷中的 A、B、C 之間的關係，由已知，A 必含於 B，B 必交於 C，從而存在以下維恩圖所示的 3 種可能（圖7.6）：

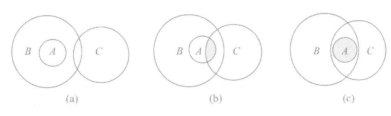

圖 7.6

顯然，圖 7.6（a）的情形，所作判斷的結論是不正確的。因為在這個情形中，勤奮的學生與視力不好的學生沒有交疊的部分。

最後我們看一個頗為有名的路易斯‧卡羅推理的例子。

已知：

（1）房中所有註明日期的信都是用藍紙寫的；

（2）Mr. G 寫的信都是用「親愛的」起始的；

（3）除 Mr. Z 以外，沒有人用黑墨水寫信；

（4）我能看的信都未收藏起來；

（5）只有單頁信紙的信中無一是未註明日期的；

（6）未做記號的信都是用黑墨水寫的；

（7）用藍紙寫的信都收藏起來了；

（8）一頁以上信紙的信中無一是做記號的；

（9）以「親愛的」開頭的信無一是 Mr. Z 寫的。

求證：我不能看 Mr. G 寫的信。

證明：令

$P = \{$ 註明日期的信 $\}$

$Q = \{$ 藍信紙的信 $\}$

$R = \{$ 黑墨水寫的信 $\}$

$S = \{$ Mr. Z 寫的信 $\}$

$T = \{$ 藏起來的信 $\}$

$U = \{$ 我能看的信 $\}$

$V = \{$ 單頁信紙的信 $\}$

$W = \{$ 做記號的信 $\}$

$X = \{$ Mr. G 寫的信 $\}$

$Y = \{$ 以「親愛的」開頭的信 $\}$。

根據（1）～（9）的關係，我們可以畫出以下的維恩圖（圖 7.7）：

$$S \supset R \supset \overline{W} \supset \overline{V} \supset \overline{P} \;;\; P \subset Q \subset T \;;\; \overline{T} \supset U \;;\; \overline{S} \supset Y \supset X \text{。}$$
$$(3)\,(6)\,(8)\,(5) \qquad (1)\,(7) \qquad (4) \qquad (9)\,(2)$$

圖中的一系列關係及其依據如下：

由上一節故事中命題變換的等價性知道，上面的關係可以換成等價的寫法。如 $\overline{T} \supset U$ 可以換成 $T \subset \overline{U}$。於是有：

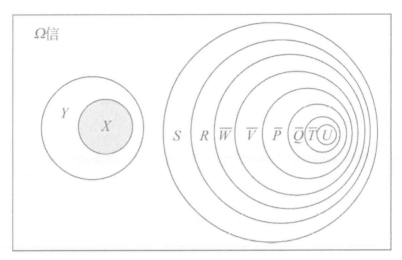

圖 7.7

$$\bar{U} \supset T$$

$$T \supset Q \supset P$$

$$P \supset V \supset W \supset \bar{R} \supset \bar{S}$$

$$\bar{S} \supset Y \supset X$$

由此推知：$\bar{U} \supset X$，即 $X \to \bar{U}$。這意味著「Mr. G 寫的信」
應屬「我不能看的信」之列。證畢。

八、

智力遊戲的間接推理

　　一道優秀的智力題，融趣味性與知識性於一體，不僅可以鍛鍊人們的思維和邏輯推理能力，且對調劑娛樂生活、陶冶性情也大有裨益。

　　然而智力問題形形色色，大多有各自的特點。有時貌似複雜，讓人無從下手，然而一旦道破天機，解決它就在反掌之間。有時看起來平淡無奇，似乎一舉手便可成功，但細細想來，卻是「關山險阻」，迷惘難解。

　　各類智力問題的難，大多難在一個「巧」字，真可謂「戲法人人會變，各有巧妙不同」。但這絕不是說它們之間沒有絲毫規律可循。事實上，本書的許多內容，正是致力於探求這類問題的推理技巧。這一節我們將要講述的是，怎樣運用間接推理的方式，即透過否定肯定、反證歸謬、命題變換、反向推理等方法，去解出許多類別的智力問題。

　　在〈五、否定中的肯定〉中，讀者遇到這類有趣的「猜帽色」問題，以下是另一類有趣的「猜帽色」問題。

　　老師為了辨別他的 3 個得意門生中誰更聰明，而採用以下的方法：事先準備好 5 頂帽子，其中 3 頂是白的，2 頂是黑的。他先把這些帽子讓 3 個人都看一看，然後要他們閉上眼睛，為每人戴上一頂帽子。實際上老師讓每人戴的都是白帽，而將黑帽子藏起來。最後再請他們睜開眼睛，並判斷自己頭上戴的帽子是什麼顏色。

3 位學生互相看了看，都猶豫了一會兒，然後又幾乎同時判定出自己頭上戴著白色的帽子。

　那麼，這 3 位學生是怎麼推斷出自己的帽色呢？原來他們用的也是「分析否定訊息」的方法。謎底是這樣的：

　3 個人為什麼都猶豫了一會兒呢？這只能說明他們都沒有人看到兩頂黑帽，也就是說，三人中至多只能有一人戴黑帽。這一點在猶豫的一剎那，3 個聰明的學生當然都意識到了。此時甲想：「我頭上戴的如果是黑帽的話，那麼乙和丙應當猜出他們自己戴白帽了，因為黑帽不可能有兩人戴。然而乙、丙都在猶豫，可見我是戴白帽的！」與此同時，乙和丙也都這樣想，因此二人幾乎同時脫口而出，猜對了自己的帽色。

　這個「猜帽色」的遊戲同樣可以推廣到多人。我想，此時此刻，讀者一定可以想像得到，遊戲中的白帽與黑帽的數量，必須加以哪些限制。（答：人數 n，白帽數 n，黑帽數 2）

　讀者一定還記得，在〈六、異曲同工的證明方法〉中的那個有趣的「換色」遊戲，在那裡我們說過結論是否定的。

　對於否定的結論，直接證明往往很困難，但有時反證法卻能奏效。事實上，假設不然，圖 8.1（a）能透過「換色」變為圖 8.1（b）。不妨令第 1、2、3 列棋子，分別施行 m_1、m_2、m_3 次換色；而第 1、2、3 行棋子，分別施行 n_1、n_2、n_3

次換色。顯然，每個棋子是既接受了列的變色，又接受了行的變色。於是：

棋子 A 經 $m_1 + n_1$ 次的顏色變換，由白變黑；

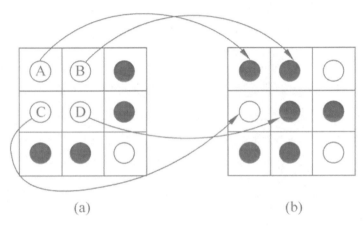

圖 8.1

棋子 B 經 $m_1 + n_2$ 次的顏色變換，由白變黑，

棋子 C 經 $m_2 + n_1$ 次的顏色變換，保持白色；

棋子 D 經 $m_2 + n_2$ 次的顏色變換，由白變黑。A、B、C、D 4 個棋子共做過

$$(m_1 + n_1) + (m_1 + n_2) + (m_2 + n_1) + (m_2 + n_2)$$
$$= 2 (m_1 + m_2 + n_1 + n_2)$$

次變換顏色的操作，這顯然是一個偶數。但實際上從圖 8.1 中容易看出 A、B、C、D 4 個棋子所做過的總變色次數，只能是奇數。這是因為偶數次的操作絕不可能把 4 個白子變

成 1 白 3 黑。這個矛盾顯示題中所說的換色是不可能的。

　　大概再沒有什麼問題會比以下更簡潔地說明間接法的威力。這是一則十分奇特的「說謊者」的故事：

　　甲說：「乙說了謊或丙說了謊。」

　　乙說：「甲說了謊。」

　　丙說：「甲、乙都說了謊。」

　　究竟誰說了謊？誰說真話？

　　看起來這似乎是個無頭公案，因為三人都無一例外地指責別人在說謊。然而仔細一看，各人指責的內容和形式都不相同。乙指責「甲說了謊」是一句關鍵的話。因為如果乙說的是真話，那麼甲便是說謊者；如果乙是說謊者，那麼甲所說的便是真話。可見甲與乙不可能同時說謊。然而丙卻指責甲、乙兩人都說謊，這只能說明丙本身是說謊者。丙是說謊者，說明甲說的沒有錯，從而乙的指責是莫須有的，因此乙也是說謊者。在整個故事中，只有甲是唯一說真話的人！

　　類似「說謊者」的智力難題，採用變換命題的方法是很有效的。以下又是一則妙趣橫生的「說謊者」故事，留給讀者做推理練習。

　　一個英國探險家到非洲某地探險。在宿營地附近有兩個土著部落，高個子部落和矮個子部落。已知兩個部落中，有一個部落成員總是說真話，另一個部落成員則總是說假話。

有一次探險家在路上遇到兩個土著，一個高個子、一個矮個子。探險家問高個子土著：「你是說真話的嗎？」這個土著回答說：「古姆」，小個子土著會講英語，就解釋說：「他說『是的』，但他是個騙子。」

試問哪個部落成員說假話？（答案：高個子）

反向推理可能是解決智力難題最常用的一種方法。以下比身高的問題，是運用這種間接方法最為典型的例子。

甲、乙、丙、丁4個人聚在一起，議論各自的身高：

甲說：「我肯定最高。」

乙說：「我不至於最矮。」

丙說：「我雖然比不上甲高，但我也不會是最矮的。」

丁說：「那只有我是最矮的了！」

為了確定誰是誰非，他們進行了現場測定。結果4個人中，僅一人說錯。問4個人的實際高矮為何？

如果採用直接推理，則必須分析甲、乙、丙、丁4個人說錯話的可能。例如甲說錯話，那麼甲不是最高，只能是第二、第三或最矮。

與此同時，乙所說的則應為事實，即乙可能是最高、第二或第三；……這種推理過程，無疑能夠繼續下去。但到達成功的彼岸，航程還相當漫長。

如果採用反向推理，情況將大為改觀，整個逆推的過程簡

潔而漂亮：丁不可能說錯，否則便沒有人會是最矮的；既然丁說的是對的，那麼乙也就同時是對的；甲不可能說對，因為如果甲說對，則丙同時也是對的。但4個人都對，又與實測結果相違背，於是最高者非乙莫屬。由於甲說的是錯的，那麼丙所說的便是事實，他自認不如甲高，從而問題答案水落石出：

乙最高，甲第二，丙第三，丁最矮。

為了讓讀者有鍛鍊自己反向推理能力的機會，以下的問題恰到好處：

A、B、C3名學生同時參加一次標準考試，試題共10道，都是是非題。每道題10分，滿分100分。對的打「√」記號，錯的打「×」記號。3名學生的答案卷如表8.1所示。

表 8.1 考試答案表

學生	題號									
	1	2	3	4	5	6	7	8	9	10
A	×	×	√	√	×	×	√	×	√	×
B	√	×	√	×	√	√	×	×	×	×
C	√	√	√	×	×	√	√	√	√	√

考試成績公布，3名學生都得70分。

試問：各道題正確答案是什麼？

（答案：1、3、6、7、9為「√」）

九、

巧解邏輯難題

當人類學會分析推理的時候，便開始運用自身的智慧，構造形形色色的智力問題，以磨練自己的思維。這些問題大致可分為兩類：一類問題以「巧」取勝，一類問題以「謎」見長。

以「巧」取勝者，巧中見智，智中含趣，集智巧與趣味於一體，可謂雙絕。諸如古老的渡河問題和隔子跳難題，經歷了漫漫歷史長河的大浪淘沙，至今依然不乏誘人的魅力！

船夫、狼、羊和白菜的渡河問題，源於極為久遠的年代：船夫要把狼、羊和白菜運過河，但作為過渡的船，除了船夫外，只能運載三者之一。又要防止人不在的情況下，狼吃掉羊或羊吃掉白菜，船夫該怎麼辦呢？

渡河的祕訣在於先將羊運往彼岸。

今天許多類似的渡河問題，多是由這個問題演變而來的。其中最為精彩和最能反映渡河問題實質的，莫過於三人、三虎的擺渡問題：

三人、三虎要從河的一岸過渡到河的另一岸。用以渡河的船隻能容下二人，或二虎，或一人一虎。三人、三虎中僅有一人、一虎會划船，其餘只能當乘客。要防止的是：如果某處虎的數目多於人的數目，那麼人將有危險！問應如何渡河？

上述渡河問題對鍛鍊讀者的思維，是一個很好的練習。

初次嘗試者，可先將一人、一虎會划船的條件略去，當成所有人與虎都會划船，這樣問題會容易許多。條件的加入，只是增添難度和趣味而已。相信這道問題將伴隨你度過一個愉快的休息時刻！

隔子跳問題，相傳源於古代印度，但與此略有不同。這是一個簡單而有趣的智力問題：在桌子上沿一直線擺著 10 枚棋子，每次移動可以像圖 9.1 那樣，把一枚棋子跳過兩枚棋子與另一枚棋子相疊。請問這 10 枚棋子該怎麼移，才能跳成五疊，每疊兩枚棋子？

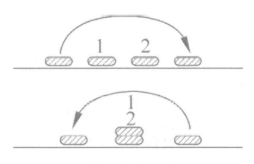

圖 9.1

初看起來，這似乎沒有什麼困難，但實際嘗試一下，就知道不會太容易。圖 9.2 給出了答案，箭頭上的數字是移動順序。

儘管上述問題構思奇特，解法雋永，足以令人拍案叫絕。然而它們特性迥異，是很難有一般性的解法的。

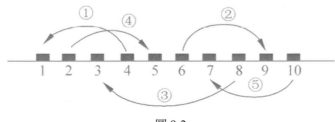

圖 9.2

　　另一類以「謎」見長的問題，起於近代，富有時代的氣息。這類問題中因素繁多，訊息量大，關係錯綜複雜、撲朔迷離。因而解這樣的問題，需要清晰的思路、精細的分析、嚴密的推理。有時會因一念之差，鑄成謬誤，以致陷於迷津。不過，解這類問題，卻能找到若干規律。

　　為了探求邏輯難題的解題智巧，我們先從下面的「猜球」問題談起。

　　猜球大概是所有邏輯推理中最為簡單的了。3 個袋子，每個袋子各裝兩個球，分別是「白白」、「白紅」、「紅紅」。袋子外面貼有球色的標籤，但全部貼錯。你只能從某個袋子裡取出一個球，便能判斷各個袋裡裝的是什麼球嗎？

　　別看這道題只有幾個球，但之間的訊息卻相當豐富。為了弄清楚其間的關係，我們列出雙向表（表 9.1）。為便於分析，我們模仿座標的寫法，用 $[p \cdot q]$ 表示表中第 p 列第 q 行的格子。用「＋」號表示相應的關係存在，用「0」號表示

相應關係不存在。陰影部分表示相應的關係根據題意無需考量。表 9.1 的對角線格子畫陰影，是因為題中指明所有的標籤都貼錯。

表 9.1 球色雙向表

標籤	實際		
	白白	白紅	紅紅
白白	▨		
白紅		▨	
紅紅			▨

　　從對稱關係思考，讀者應該猜想的到，必須從標有「白紅」標籤的袋子中去取球。假令取出的是白球，則可立即斷定此時袋中實際裝著兩個白球。即 [2，1] ＝「＋」。以下的推理是：

$$
\left.\begin{array}{l}
[1,1]="0"\\
[2,1]="+"\\
[2,2]="0"
\end{array}\right\}
\begin{array}{l}
\rightarrow [3,1]="0"\\
\rightarrow \left.\begin{array}{l}
[2,3]="0"\\
[3,3]="0"
\end{array}\right\} \rightarrow [1,3]="+"
\end{array}
$$

$$
\left.\begin{array}{l}
[1,3]="+"\\
[1,1]="0"
\end{array}\right\}
\rightarrow \left.\begin{array}{l}
[1,2]="0"\\
[2,2]="0"
\end{array}\right\} \rightarrow [3,2]="+"
$$

於是，我們得到了球色實際關係表（表9.2）。從表9.2
中可以看出：在這種情況下，標有「紅紅」標籤的袋中，裝
的是「白紅」的球，而標有「白白」的袋中，則實際裝著
「紅紅」的球。

表 9.2 球色實際關係表

標籤	實際		
	白白	白紅	紅紅
白白		0	＋
白紅	＋		0
紅紅	0	＋	

由於一個 m 列 n 行的表，可以處理 mn 種因素的關係。
因而用表格進行推理，無疑是分析複雜邏輯問題的一種有效
方法。只是需要記住，每列每行只能有一個「＋」號存在。
因而一旦某個位置已確定為「＋」，那麼它所在的列與行的
其餘格子，都應該為「0」。不過，在多數情況下，「＋」號
並不容易確定，這時我們應盡量確定出「0」，以排除若干可
能，讓分析縮小範圍。這大概是解這類問題的祕訣所在。下
面的例子用以說明這種智巧，是再適當不過的了。

兩個人玩撲克牌遊戲，每人手上都拿到兩張牌。這是 4
張非常有趣的牌：A、K、Q、J齊備，♣、◇、♡、♠俱全
（A 當 14 點）。已知：

（1）♣的點數比♢少；

（2）♡的點數比另一個人手上拿的兩張牌都大；

（3）♣的點數比同一個人手上另一張牌的點數大；

（4）♢與♠的點數和不小於♣與♡的點數和。

問這 4 張牌各是什麼？

很顯然，題中所有的關係，可用 4×4 表格展現出來（表 9.3）。

表 9.3 撲克牌花色與點數關係表

花色	A	K	Q	J
♣	0	0	+	0
♢	+	0	0	0
♡	0	+	0	0
♠	0	0	0	+

由

$$(1) \rightarrow \begin{cases} [1,1] = \text{``0''} \\ [2,4] = \text{``0''} \end{cases}$$

由

$$(2) \rightarrow \begin{cases} [3,3] = \text{``0''} \\ [3,4] = \text{``0''} \end{cases}$$

由（3）→［1，4］＝「0」

由

$$
\left.\begin{array}{l}
[1,4]=\text{``}0\text{''} \\
[2,4]=\text{``}0\text{''} \\
[3,4]=\text{``}0\text{''}
\end{array}\right\} \to [4,4]=\text{``}+\text{''}. (\spadesuit J)
$$

由（4）及 $\spadesuit$ J→［2，1］＝「＋」，（$\diamondsuit$ A）

根據「＋」號所在行列補「0」的原則，接下去很容易推得 ［1，3］＝「＋」，（$\clubsuit$ Q）；［3，2］＝「＋」，（$\heartsuit$ K）。從而兩人所拿到的牌分別為：$\diamondsuit$ A，$\heartsuit$ K 和 $\clubsuit$ Q，$\spadesuit$ J。

有一類邏輯推理難題，題中構成判斷的句子同時含有真與假兩種成分，如同下例：

4 名學生預測他們的考試成績。

D 說：「看來我得第一，A 得第二。」

C 說：「不見得吧！我想你只能得第二，我得第三。」

B 說：「我看我穩得第二，C 最後。」

A 說：「那等著瞧吧！」

考試結果是 B、C、D 三人各自都只說對一半，問 4 人的實際名次為何？

我想，無須多加說明，讀者一定能洞悉表 9.4 中符號的含義。

表 9.4 4 名學生名次分析表

學生	名次			
	1	2	3	4
A		D_2		
B		B_1		
C			C_2	B_2
D	D_1	C_1		

注：下標數字指該人說的話中，前句為 1，後句為 2。

推理工作可以從文字最少的行列開始，如表 9.4 的第四行。假令 $B_2[3，4]$ ＝「＋」，從而推知 B_1 ＝「0」，C_2 ＝「0」；又從 C_2 ＝「0」推得 C_1 ＝「＋」；再從 C_1 －「＋」推出 D_2 ＝「0」；從而 D_1 ＝「＋」。這樣在第四列竟然出現了兩個「＋」號。這是不允許的！因而 $B_2 \neq$ 「＋」，即 B_1 ＝「＋」。以下的推理是：

$$B_1 = \text{``+''} \rightarrow \begin{cases} C_1 = \text{``0''} \\ D_2 = \text{``0''} \end{cases} \rightarrow \begin{cases} C_2 = \text{``+''} \\ D_1 = \text{``+''} \end{cases}$$

$$\rightarrow A[1,4] = \text{``+''}$$

即知 4 人的名次依序為 D、B、C、A。

對於更複雜的推理問題，有時需要兩個或更多的表，其中一個表的某些關係，需要在另一個表的相應關係確定之後才能確定。例如：

某校三人分別是高一、國三和國二的學生。他們分別報名參加校運會的以下項目：鉛球、跳遠和標槍。現在已經知道以下情況：

（1）甲不是高一；

（2）高一的學生不參加鉛球；

（3）國三的學生參加跳遠；

（4）乙既不是國三，也不參加標槍。

請問：甲、乙、丙3人分別是哪個年級？報名參加何種項目？

顯然，題中各因素的關係，可以透過表9.5和表9.6展現出來：

表 9.5 3 人年級分析表

學生	高一	國三	國二
甲	0	+	
乙	0	0	+
丙	+		

表 9.6 3 人項目分析表

年級	鉛球	跳遠	標槍
高一	0		+
國三	0	+	0
國二	+		

由題意得：

$$A[1.1]=``0",A[2.2]=``0";$$

$$\left.\begin{array}{l}B[1.1]=``0"\\B[2.2]=``+"\end{array}\right\} \rightarrow \left\{\begin{array}{l}B[3.1]=``+"\\B[1.3]=``+"\end{array}\right.$$

$$\left.\begin{array}{l}情況_{(4)}\\B[1.3]=``+"\end{array}\right\} \rightarrow A[2.1]=``0"$$

$$\rightarrow A[2.3]=``+" \rightarrow \left\{\begin{array}{l}A[1.2]=``+"\\A[3,1]=``+"\end{array}\right.$$

從而得知：甲為國三學生參加跳遠，乙為國二學生參加鉛球，丙為高一學生參加標槍。

讀者可能已經發現，本節的許多邏輯難題，都能透過表式推理加以解決。然而，表式推理的方法既不應當，也不可能是萬能的「靈丹妙藥」。作者只是希望透過一些例子的分

析，讓讀者掌握這類方法的解題技巧。不過，想讓方法運用得更加嫻熟和靈巧，無疑需要更多的鍛鍊和思考。以下的問題，專門提供給喜歡動腦筋的讀者。

智力推理難題

1. 5 名學生分別來自一中、二中、三中、附中和實驗中學。一天，他們在圖書館相遇。互相打聽一下，原來：

（1）小華只認識兩個人；

（2）有 3 個人認識二中的學生；

（3）小麗跟三中的學生初次相識；

（4）附中學生認識李兵；

（5）一中、三中和附中的學生，在小學時是同班同學；

（6）張林只認識一個人，王海只有一人不認識。

問：這 5 人各是哪個學校的學生？

（答：一中李兵，二中小麗，三中小華，附中王海，實驗中學張林。）

2. 有 4 位學生，他們的姓名極為有趣：甲的名是乙的姓，乙的名為丙的姓，丙的名又為丁的姓，丁的名則為甲的姓。今知：名周的不姓林，姓寧的名是另一個人的姓，此人的名又是名江人的姓。

表 9.7 姓名關係表

姓	名			
	林	江	寧	周
林		＋		0
江			＋	
寧	0	0		＋
周	＋			

問：4 人的姓名為何？

（答：林江，江寧，寧周，周林。提示見表 9.7。）

3. 有人為班級做了好事。老師查問 5 位同學，大家都說是別人做的。

小紅說：「是小華和小麗做的。」

張林說：「是王海和李兵做的。」

王海說：「是李兵和小華做的。」

小麗說：「是小紅和小華做的。」

小華說：「是張林和王海做的。」

查證結果，沒有一個學生講的全對，卻有一個人講的全錯。問：究竟誰做了好事？

（答：張林、小華。）

4. 這是一個非常精彩的猜球遊戲。

老師拿出 4 個小袋子，分別給 A、B、C、D 4 名學生。每個袋子都裝有大小一樣的 3 個球，球色非紅即白。各袋中所裝球的花色都不相同。袋外貼有標籤，但與袋裡的實際球色對不上。老師要每個學生從自己袋子中摸出兩個球，然後猜猜第三個球是什麼顏色。

　　A 摸出兩個紅球，對照袋上的標籤，猜出了第三個球的顏色。B 摸出一紅一白，看了看標籤，也猜出了第三個球的顏色。C 摸出兩個白球，想了又想，覺得還是難以斷定。這時 D 雖然沒有摸球，卻說話了：「我已經知道我袋子中 3 個球的顏色了！」

　　問：D 袋中是什麼色的球？他是怎麼判定的？

　　（答：D 袋中的球是二白一紅。推理見表 9.8 提示。）

表 9.8 球色推理表

標籤	實際			
	三白	二白一紅	一白二紅	三紅
三白		D_1 +		
二白一紅			B_2 +	
一白二紅		B_1		A_1 +
三紅	C_3 +	C_1	A_2	

5. 在一次國際科學討論會上，4 名科學家相遇，用中、英、日、法 4 種語言交談。已知 4 人中每人都只會兩種語言，且只有一種語言是 3 個人都會的。又：

（1）甲會日語，丁不會日語，但兩人卻能交談；

（2）乙、丙、丁 3 人沒有共同語言；

（3）沒有人同時會日、法兩個語言；

（4）乙不會英語，但卻能充當甲、丙兩人的翻譯。

問：甲、乙、丙、丁各會何種語言？（答：見表 9.9。）

表 9.9 4 人語言答案

科學家	中文	英語	日語	法語
甲	＋		＋	
乙	＋			＋
丙		＋		＋
丁	＋	＋		

6. 一列從臺北開往高雄的火車，列車長、列車員、警察 3 人姓張、李、王（不一定對應）。車上也有 3 個姓張、李、王的旅客。已知：

（1）姓李的旅客住在高雄；

（2）警察的妻子在臺中工作；

（3）姓王的旅客不知道達文西是哪國人；

（4）和警察同姓的旅客住在臺北；

（5）警察的女兒跟旅客中畫家的兒子上同一所幼兒園；

（6）火車人員中，姓張的比列車員胖。

問：列車長姓什麼？

（答：表 9.10 為火車工作人員，表 9.11 為旅客。）

表 9.10 火車工作人員姓分析表

工作人員	列車長	列車員	警察
張	+		
王			+
李		+	

表 9.11 旅客姓分析表

工作人員	高雄	臺中	臺北
張		+	
王			+
李	+		

十、

嘗試——經驗與信念的支柱

1640 年，著名的法國數學家皮埃爾·費馬（Pierre Fermat，1601 ～ 1665）對 $2^n + 1$ 型的質數產生興趣。首先，他注意到 n 不是 2 的次方時，所得的數一定是合數。這是不難理解的。事實上，令 $n = 2^k \cdot t$，t 為大於 1 的奇數，那麼

$$2^n + 1 = 2^{2^k \cdot t} + 1 = \left(2^{2^k}\right)^t + 1 = [2^{2^k} + 1][\left(2^{2^k}\right)^{t-1} - \left(2^{2^k}\right)^{t-2} + \left(2^{2^k}\right)^{t-3} - \cdots + 1]$$

由於 $t > 1$，上式右端第二項一定大於 1，因而此時 $2^n + 1$ 必為合數。那麼究竟 $2^{2^k} + 1$ 的數是質數還是合數呢？費馬本人觀察了前 5 個數：

$$F_1 = 2^{2^0} + 1 = 3$$
$$F_2 = 2^{2^1} + 1 = 5$$
$$F_3 = 2^{2^2} + 1 = 17$$
$$F_4 = 2^{2^3} + 1 = 257$$
$$F_5 = 2^{2^4} + 1 = 65537$$

這些數無一例外的都是質數，於是他相信自己已經找到一個表示質數的公式。即「對於任何非負整數 k，形如 $2^{2^k} + 1$ 的數為質數」。

差不多在 100 年的時間內，沒有人能證明費馬的這個論斷，但也沒有人能推翻它。到了 1632 年，年僅 25 歲的瑞士數學家尤拉，一句話便摧毀了費馬累積的經驗與信念。尤拉指出：

$$F_6 = 2^{2^5} + 1 = 4294967297 = 641 \times 6700417$$

另一個由費馬提出的更為著名的猜想:「當 $n \geq 3$ 時,方程式:$x^n + y^n = z^n$,沒有整數解。」這個猜想曾長時間困惑著人類。20 世紀初,德國哥廷根科學院為此懸賞 10 萬馬克,徵求對費馬問題的完整解答。在《未知中的已知》這套叢書中,有一節關於費馬猜測的、極為動人的故事。在那裡我們可以看到,300 年來人類進行了何等艱苦卓絕的工作,最終使之成為定理。

經驗為信念提供了依據。嘗試既是經驗與信念的支柱,又不斷改變著人類的經驗與信念。美國著名數學家喬治・波利亞(George Polya,1887 ～ 1985),在其《數學與猜想》一書中,提出了以下論證推理模式(甲)與嘗試推理模式(乙):

$$\text{甲:} A \longrightarrow B$$
$$\frac{B \text{ 假}}{A \text{ 假}}$$

$$\text{乙:} A \longrightarrow B$$
$$\frac{B \text{ 真}}{A \text{ 更為可靠}}$$

波利亞教授的模式極為清楚地告訴我們:要推翻一個結論,只需像尤拉那樣,舉一個反例就足夠了!以下是數學上又一個具有影響力的例子。

大家知道,德國數學家大衛・希爾伯特(David Hilbert,

1862～1943）是 20 世紀最偉大的數學家之一。1900 年，正當人類跨進 20 世紀之際，第二次國際數學家大會在巴黎召開。年僅 38 歲的希爾伯特，向大會提出了 20 世紀需要攻堅的 23 個問題。從那時起，希爾伯特所提的問題，成為世界數學家公認的進軍目標。

1955 年，著名數學家，蘇聯科學院院士彼得羅夫斯基宣稱，為解決希爾伯特第 16 個問題，他得出：「二次代數系統構成的微分方程組（簡稱 E_2），其極限環至多只有 3 個。」（圖 10.1）這個結論統治了數學界達 1/4 世紀之久。1979 年，中國科學技術大學年輕的研究生史松齡，舉出了一個 E_2 至少出現 4 個極限環的例子。一夜之間，推翻了彼得羅夫斯基的論斷！

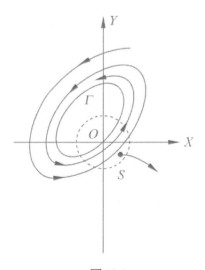

圖 10.1

波利亞教授的第二個模式，即嘗試推理模式，可以進一步深化，變成更為一般的：

$$A \longrightarrow B$$

乙*：B 本身很不像是可靠的

$$\frac{B \text{ 真}}{A \text{ 極為可靠}}$$

$$A \longrightarrow B$$

乙**：B 本身像是十分可靠的

$$\frac{B \text{ 真}}{A \text{ 只多一點可靠}}$$

豐富的經驗，可以使嘗試變得更加有的放矢。在模式乙*中，選取「本身很不像是可靠的」命題加以論證，將能得出「A 極為可靠」的結論。以下是令人難忘和具有歷史意義的有趣例子。

瑞士著名數學家雅各布．白努利（Jakob Bernoulli，1654～1705）生前曾感嘆自己的智力，寫道：「假如有人能夠求出我所不知道的，自然數平方的倒數之和，

$$1 + \frac{1}{4} + \frac{1}{9} + \frac{1}{16} + \frac{1}{25} + \cdots$$

請通知我，我將不勝感激。」

在雅各布・白努利逝世以後，他弟弟約翰・白努利（John Bernoulli，1667～1748）的學生，我們前面講過的天才數學家尤拉，把上式的和計算到小數點後第六位 1.644934，並猜測它等於$\frac{\pi^2}{6}$，他選擇了類似韋達定理的方法，應用於有無窮多個根的方程式，居然得出了

$$1 + \frac{1}{4} + \frac{1}{9} + \frac{1}{16} + \frac{1}{25} + \cdots = \frac{\pi^2}{6}$$

，從而使自己的大膽猜測，變得極為可靠。

但是「極為可靠」畢竟不是最後結論。例如費馬大定理，在英國數學家安德魯・懷爾斯（Andrew Wiles，1953～）於 1996 年最終攻克它之前，正確性指數上限已推進到 4,100 萬，但根據波利亞的模式乙，它只是使猜想的信念支柱顯得更為牢靠些罷了，而對於判斷費馬猜想是真理還是謬誤，其實並沒有發揮多大的作用。

與費馬猜想齊名的另外兩個數學難題，一是轟動全球的「四色定理」，另一個是著名的「哥德巴赫猜想」。前者已於 1976 年解決，本書將有專門的章節講到它；後者被譽為「數學皇冠上的明珠」。

大約在兩個半世紀以前，德國數學家克里斯蒂安・哥德巴赫（Christian Goldteach，1690～1764）在做了大量的嘗

試之後，發現一個有趣的現象：任何大於 5 的整數，都可以
表示為 3 個質數的和。他相信這種由嘗試所累積的信念，但
他本人無法給予證明。1742 年 6 月 7 日，哥德巴赫懷著興奮
的心情，把自己的猜想求教於當時頗負盛名的尤拉。尤拉經
過反覆研究，發現解決問題的關鍵在於：證明任意大於 2 的
偶數，都能表示為兩個質數的和。尤拉細心核對了以下這張
長長的表：

$$6 = 3 + 3$$
$$8 = 3 + 5$$
$$10 = 3 + 7 = 5 + 5$$
$$12 = 5 + 7$$
$$14 = 3 + 11 = 7 + 7$$
$$16 = 3 + 13 = 5 + 11$$
$$18 = 5 + 13 = 7 + 11$$
$$20 = 3 + 17 = 7 + 13$$
$$22 = 3 + 19 = 5 + 17 = 11 + 11$$
$$24 = 5 + 19 = 7 + 17 = 11 + 13$$
$$26 = 5 + 21 = 7 + 19 = 13 + 13$$
$$28 = 5 + 23 = 11 + 17$$
$$\vdots$$

延長這張表的每一次證實，都使尤拉對自己結論的可信

度進一步增加，最後他終於堅信這是一條真理。6 月 30 日，尤拉回信哥德巴赫，信中指出：

「任何大於 2 的偶數都是兩個質數的和，雖然我還無法證明它，但我確信這是完全正確的定理。」

這就是舉世聞名的哥德巴赫猜想。

近 300 年來，許多當代最優秀的數學家在向哥德巴赫猜想進軍中，進行了卓有成效的工作，範圍正令人鼓舞地縮小。

1937 年，蘇聯數學家伊萬·維諾格拉多夫（1891 ～ 1983）證明了充分大的奇數可以表示為 3 個奇質數的和。

1938 年，中國數學家華羅庚（1910 ～ 1985）證明了幾乎所有偶數都可以表示為一個質數和另一個質數的冪之和，即（$P_1 + P_2^k$）。

1920 年，挪威數學家布朗教授另闢蹊徑，用一種古老的篩法證明了：任何一個偶數都能表示為 9 個質數的乘積與另外 9 個質數乘積的和，即所謂（9 ＋ 9）。此後，這條路線戰果輝煌，在 40 年時間內，突破一個接著一個：

1924 年，德國數學家證明了（7 ＋ 7）；

1932 年，英國數學家證明了（6 ＋ 6）；

1938 ～ 1956 年，蘇聯數學家相繼證明了（5 ＋ 5）、（4 ＋ 4）和（3 ＋ 3）；

1957 年，中國數學家王元證明了（2 ＋ 3）；

1962 年，中國數學家潘承洞證明了（1 ＋ 5），同年他又與王元共同證明了（1 ＋ 4）；

1966 年 5 月，中國數學家陳景潤證明了（1 ＋ 2），他的證明震驚中外，被譽為「推動了群山」！

從那時起，歷史的車輪又向前滾動了半個多世紀。雖說半個世紀以來，無數的數學家，仍為此前仆後繼，奮鬥不息，然而陳景潤（1933 ～ 1996）的成果，時至今日，依舊獨領風騷，傲視群雄。

另一方面，類似尤拉列出的偶數（1 ＋ 1）表示表，已經驗證到 1.3 億個，沒有發現反例。

所有上述的事實和成就，根據波利亞的推理模式，都使尤拉和哥德巴赫的論斷，一次比一次更為可靠。現在離目的地只有一步之遙了，但這是最為艱難的一步。誰能最終採擷到這顆「數學皇冠上的明珠」，世人正拭目以待！

十一、

步向真理的階梯

從〈十、嘗試 —— 經驗與信念的支柱〉我們看到,嘗試歸納是不完全的,增加嘗試的數量,只能增加猜測的可靠性,並不能使猜測與真理劃上等號。

17 世紀末,德國數學家萊布尼茲(Gottfried Leibniz, 1646 ～ 1716)在研究自然數 n 的組成方法時,發現組成方法的總數 $P(n)$ 有

$$\left.\begin{array}{l} 2 = 2 \\ 2 = 1 + 1 \end{array}\right\} \longrightarrow P(2) = 2$$

$$\left.\begin{array}{l} 3 = 3 \\ 3 = 2 + 1 \\ 3 = 1 + 1 + 1 \end{array}\right\} \longrightarrow P(3) = 3$$

$$\left.\begin{array}{l} 4 = 4 \\ 4 = 3 + 1 \\ 4 = 2 + 2 \\ 4 = 1 + 1 + 2 \\ 4 = 1 + 1 + 1 + 1 \end{array}\right\} \longrightarrow P(4) = 5$$

同理他求出 $P(5) = 7$,$P(6) = 11$。這些恰恰是頭幾個質數。於是萊布尼茲覺得,他似乎得到了以下的結論:

P（n）是第 n-1 個質數。但當他檢驗數 7 的組成時，卻得到 P（7）＝ 15，從而否定了自己腦海中曾經閃過的一個念頭。據此，萊布尼茲對不完全歸納作了以下深刻的評論 —— 上述猜想「是騙人歸納非常好的例子」。

哥德巴赫猜想的驗證工作，雖已做到 1.3 億之巨。然而這對猜想真實性所增加的分量，是極為有限的。以下例子更能說明這個問題。

考察不定方程式 $x^2 = 4729494y^2 + 1$ 是否有整數解？我們把 $y = 1$，2，3，……依次代入方程式右端，發現一直驗證到

$$y = 50549485234033074477819735540408986339$$

都得不到 x 的整數值。這項驗證工作即使從開天闢地時做起，直至今日，也未必能夠結束，但依然沒能得到真理。因為下一個 y 卻能得出 x 的一個 45 位數的整數解。

$$x = 109931986732829734979866232821433543901088049$$

下面是一道相當精妙的歸納練習，它無疑能加深讀者了解不完全歸納法的局限性。

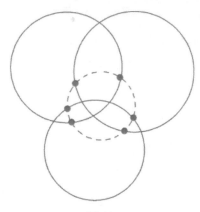

圖 11.1

在一張紙上畫 1 個圓周，可把紙面分割成兩個部分；畫 2 個圓周，最多可把紙面分割成 4 個部分；畫 3 個圓周，最多可把紙面分割成 8 個部分（圖 11.1）。請問畫 n 個圓周，最多可把紙面分割成幾個部分？

不過，我要提醒讀者，如果你的歸納結論是 $2n$，那就大錯特錯了！正確的答案應該是 $n^2 - n + 2$。

那麼，克服不完全歸納的局限，步向真理的階梯該是什麼呢？這就是我們即將講述的一種科學方法 —— 數學歸納法。

下面的故事寓意極深，它對我們理解數學歸納法的真諦，極為有益。

一位畫家收了 3 個徒弟。一天，畫家為了測試徒弟們對繪畫奧妙掌握的程度，他把 3 個徒弟叫來，給每人一張紙，

要他們用最精簡的筆墨，畫出最多的駱駝。

第一個徒弟在紙上密密麻麻地畫了一群駱駝；第二個徒弟為了節省筆墨，只畫出許多駱駝頭；第三個徒弟在紙上用筆勾出兩座山峰，再從山谷中走出一隻駱駝，後面還有一隻駱駝只露出半截身子。

3 幅畫稿交上去，評判結果讀者應該也猜得到：最後一幅畫被認定為佳作。構思巧妙，筆墨精簡，以少勝多！

這第三幅畫稿，只畫了一隻半駱駝，為何能勝畫一群駱駝呢？原因在於：第一幅畫雖然畫了一群駱駝，但卻是有限的。第二幅畫雖對第一張畫作了簡化，但沒有改變有限數目的本質。第三幅畫則不同，在一隻駱駝後面帶出的半隻駱駝，使人想像隱沒在山谷中行進著一隻又一隻的駱駝，似乎無法盡數。

上面故事中的道理，被移植到數學上，就是要證明一個與自然數有關的命題是真理，必須做兩項工作：

（1）驗證當 n 取第一個自然數 n_0 時命題成立；

（2）假設 $n = k$ 時命題成立，證明 $n = k + 1$ 時命題也成立。

在完成上述兩個步驟後，便能斷定命題對從 n_0 開始的所有自然數 n 都成立。這就是數學歸納法。

上述第一步是論證命題的基礎，相當於前面故事中的第

一隻駱駝;第二步是判斷命題的正確性,能否從特殊推廣到一般的依據,相當於故事中的以下事實——若有一隻駱駝,背後必帶有另一隻駱駝。這樣,有了第一隻駱駝,便有第二隻駱駝;有了第二隻駱駝,便有第三隻駱駝⋯⋯如此,以至於無窮!

假如有人這樣誇口:「我完全能夠登上天堂,如果存在這種通向天堂的階梯。同時,只要我登上了第一層,且在登上某一層之後,還有力氣往上再登一層。」數學家將欣然接受這種說法!因為數學歸納法的確是步向真理的階梯。

數學歸納法的兩個步驟是必不可少的,沒有第二步,便成了不完全歸納,其局限性無須多說。不過,第二步固然重要,第一步不能沒有。沒有第一步,第二步便成為空中樓閣,甚至會因此推出謬誤。以下是波利亞教授為說明這個問題而精心設計的一種「證明」。他試圖「證明」一個有趣的論斷:「任何 n 個女孩都有同樣顏色的眼珠。」波利亞教授是這樣寫的:

「對於 $n = 1$ 這句話顯然是對的,剩下的是從 n 推到 $n + 1$,為具體起見,我將從 3 推到 4,而把一般的情形留給你。」

「讓我把 4 個女孩子介紹給你,她們是 A、B、C、D。假設 A、B、C($n = 3$)的眼珠具有同樣的顏色;也假設 B、

C、D（$n = 3$）的眼珠也具有同樣的顏色。因此，A、B、C、D4個女孩子的眼珠，必定具有同樣的顏色。為徹底明瞭起見，你可以觀看下面的圖示：

$$\overbrace{A，\underbrace{B，C，D}}$$

這就證明了 $n + 1 = 4$ 時的論斷。又比如從 4 推到 5 的情形，當然也不會有什麼困難。」

看！波利亞果然「推出」了所有女孩子的眼珠顏色都是相同的。但這顯然與事實違背，華人女孩是黑眼珠，美國女孩卻多是藍眼珠！那麼問題究竟出在哪裡呢？波利亞教授解釋道：「問題出在第一步，從 $n = 1$ 推到 $n = 2$ 不成立，因此導致了謬誤。」

以下我們應用數學歸納法證明一個在後面故事中將會用到的知識。這個知識涉及任意一張地圖的頂點數 v（界點）、面數 f（國家）和邊數 e（邊界）。這是一個有重要意義和廣泛應用的定理，最早由笛卡兒，後由尤拉發現。定理斷言：$v + f = e + 2$。證明如下。

證明：用數學歸納法。

（1）容易驗證，當地圖邊數 $n = 2$ 時，命題成立（圖 11.2）。事實上，這時有

$$e_2 = 2 \text{，} v_2 = 2 \text{，} f_2 = 2$$

從而

$$v_2 + f_2 = e_2 + 2$$

（2）假令當邊數 $n = k$ 時命題成立。

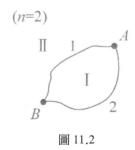

圖 11.2

即有

$$v_k + f_k = e_k + 2$$

則當 $n = k + 1$ 時，我們可以隨意拆去一條邊界線（如圖 11.3 的 AB）。這樣，原來邊界數為 $k + 1$ 條的地圖，變成了邊界數為 k 的地圖。從圖 11.3 容易看出，拆後地圖與拆前地圖相比，除邊界少一條外，國家還少了一個（圖中 1、2 合併），但頂點數不變。這就是說：

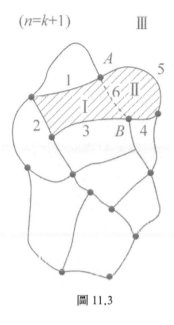

圖 11.3

$$\begin{cases} e_{k+1} = e_k + 1 \\ f_{k+1} = f_k + 1 \\ v_{k+1} = v_k \end{cases}$$

從而，根據歸納假設

$$v_k + {}_1 + f_k + {}_1 - e_k + {}_1 = v_k + f_k - e_k = 2$$

即

$$vk + 1 + fk + 1 = ek + 1 + 2$$

這說明當 $n = k + 1$ 時命題依然成立。

綜上,對任意邊數的地圖,命題 $v + f = e + 2$ 都成立。

至此,我想讀者已經領略到數學歸納法的神力,至於它的運用技巧,無疑需要更多的實踐。不過,本節開始的分割平面的問題,倒是一道不可多得的練習。

十二、

數學史上亙古未有的奇蹟

1852 年，畢業於英國倫敦大學，並從事地圖著色工作的法蘭西斯·古德里（Francis Guthrie），發現了一個奇怪的現象：無論多麼複雜的地圖，只要用 4 種顏色，就可以區分有公共邊界的國家和地區。佛朗西斯覺得這中間一定有什麼奧妙，於是寫信向其胞兄弗雷德里克詢問。弗雷德里克對數學造詣頗深，但絞盡腦汁依然不得要領，只好求教自己的老師——著名的英國數學家奧古斯塔斯·德摩根（Augustus De Morgan，1806 ～ 1871）。德摩根教授懷著濃厚的興趣，對此苦苦思索了幾個晝夜，覺得無法判定弗雷德里克所提的問題是對還是錯。於是便寫信給摯友，著名的數學家威廉·哈密頓（William Hamilton，1805 ～ 1865）探討。哈密頓才華橫溢，當時以發現「四元數」（一種在複數基礎上擴展的新數）而享譽歐洲。

　　德摩根在信中希望哈密頓要麼能證明「如果一張地圖，圖上任意分成許多部分，要求有共同邊界的兩部分塗不同顏色，那麼只要 4 種顏色就夠了」，要麼構造出一個需要 5 種或更多種顏色的圖來。

　　然而，智慧超人的哈密頓兩者都無法做到。他耗費了整整 13 年心血，最終一籌莫展，抱恨逝去！

　　哈密頓去世後，又過了 13 年，一位頗有名望的英國數學家亞瑟·凱萊（Arthur Cayley，1821 ～ 1895），在一次數

學年會上，把這個問題歸納為「四色猜想」。並於次年，即 1879 年，在英國皇家地理會刊的創刊號上，公開徵求對「四色猜想」的解答。從此，「四色問題」不脛而走，成為街談巷議的熱門話題。

　　但上述狀態並沒有持續很久。在徵求的消息發出的同年，一位半路出家的數學家肯普（Alfred Kempe），發表了一個關於四色定理的證明，這使一時轟動的狀況很快平息下來。人們普遍以為「四色猜想」已經成為歷史。不料過了 11 年，即 1890 年，一個名叫希伍德（Percy John Heawood）的年輕人，指出了肯普在證明中的錯誤。從而使這個沉寂了 10 年之久的問題，又激起了熱議。與此同時，希伍德匠心獨運，利用肯普提供的方法，成功地證明了用 5 種顏色能夠區分地圖上相鄰的國家。這算是向「四色猜想」進軍中第一個重大的突破！

　　希伍德關於「五色定理」的證明其實並不難。首先，他對問題加以簡化：即把圖 12.1（a）上的每個頂點，換成圍繞頂點的一個小區域。很明顯，如果圖 12.1（b）能夠用 5 種顏色上色，那麼圖 12.1（a）也一定能夠用 5 種顏色上色。所以，今後我們就只討論頂點是 3 個國家界點的地圖。

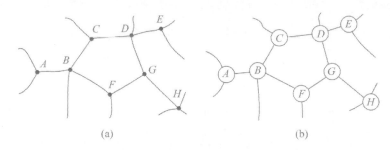

圖 12.1

　　現在轉到證明本身。設 f_2 是邊界只有兩個頂點的國家數，f_3 是邊界有 3 個頂點的國家數。顯然，國家總數目

$$f = f_2 + f_3 + f_4 + \cdots\cdots$$

　　由於 f_2 這類國家有兩個頂點，因而有兩條邊界，從而這類國家共有 $2f_2$ 條邊界。同理 f_3 類國家共有 $3f_3$ 條邊界……如此等等。又由於每條邊界都連著兩個國家。從而，邊界總數目 e 滿足：

$$2e = 2f_2 + 3f_3 + 4f_4 + \cdots\cdots$$

對於頂點總數目 v，同理有

$$3v = 2f_2 + 3f_3 + 4f_4 + \cdots\cdots$$

由上兩式得：$3v = 2e$

根據〈十一、步向真理的階梯〉結尾證明的尤拉定理知道：

$$v + f = e + 2$$

消去 e 可得：$6f = 3v + 12$

即 $6\,(f_2 + f_3 + f_4 + \cdots\cdots) = (2f_2 + 3f_3 + 4f_4 + \cdots\cdots) + 12$

化簡為：$4f_2 + 3f_3 + 2f_4 + f_5 = 12 + f_7 + 2f_8 + \cdots\cdots$

由於上式右端不小於 12，因而左端必有一項大於 0。這樣，希伍德便得到了一個很重要的結論：「每張交點有 3 個國家相遇的地圖，至少有 1 個國家邊界數不多於 5。」

接下來，希伍德用了〈十一、步向真理的階梯〉講到的數學歸納法：

證明：當國家數 $f = 2$ 時命題顯然成立。

假令 $f \leq k$ 時命題成立。即對所有交點有 3 個國家相遇，且國家數不多於 k 的地圖，可用 5 種顏色上色。

則當 $f = k + 1$ 時，根據前面說的，這樣的地圖必有一個邊數不多於 5 的國家。不妨令 A 就是這樣的國家吧！

很明顯，與國家 A 相鄰的國家和區域，不外乎 3 種情況（圖 12.2）：

圖 12.2（a）是有一個國家與 A 有兩條邊界，圖 12.2（b）

是與 A 相鄰的兩個國家，本身有共同的邊界；圖 12.2（c）
是最常見的，不存在環形的情況。不難理解，無論上面 3 種
情形的哪一種，在 A 的鄰國中，總存在兩個不相鄰接的國
家，如同（圖 12.2）中的 A_1 與 A_3。

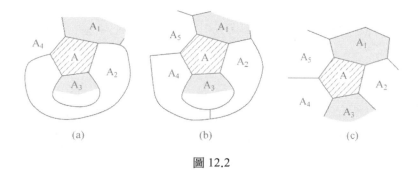

圖 12.2

現在去掉 A 與 A_1、A_3 的邊界，則新圖有 k-1 個國家，因
而這樣的圖能用 5 種顏色上色。

設此時（A＋A_1＋A_3）塗甲色；A_2、A_4、A_5 分別塗乙、
丙、丁色。添上兩條邊界，變回原圖，再讓 A 塗上第五種顏
色。於是，原圖已被 5 種顏色上色。

這就是說，命題對於 $f = k + 1$ 也成立。

綜合上述，根據歸納假設，即針對所有交點有 3 個國家
相遇的地圖，只要用 5 種顏色上色就足夠了！

希伍德就這樣證明了五色定理。

正因為五色定理的證明不是很難，所以與對待費馬猜想

及哥德巴赫猜想的態度不同，有不少數學家小看了四色猜想。相對論的創始人，偉大物理學家愛因斯坦的數學導師赫爾曼·閔考斯基（Hermann Minkowski，1864～1909）教授，就是其中最為典型的一個。他認為四色猜想之所以沒有解決，是因為世界上第一流的數學家還沒有空去研究它。

有一次，閔考斯基教授為學生上課，他偶然間提到這個問題，隨之即興推演，似乎成竹在胸，寫了滿滿一個黑板，但命題仍未得證。第二次上課，他又繼續推演，結果仍舊是滿懷信心進教室，垂頭喪氣下講臺。如此這般折磨了幾個星期之後，教授終於精疲力竭。一天，他走進教室，疲憊地注視著依舊掛著「證明」的黑板。此時適逢雷電交加，他終於醒悟，並愧疚地承認：「上帝在責備我，四色問題我無能為力！」在這之後，全世界數學家都衡量出了「四色猜想」的沉重分量。

人類智慧面對著又一個世界難題的挑戰。在正面失利之後，數學家們決定從側面進軍！

1922 年，有人證明了當國家數 $f \leq 25$ 時，四色猜想成立；1938 年，國家數 f 推進到 32；1969 年，又推進到 45。47 個春秋，僅僅使國家數推進了 20。這的確是一條布滿荊棘、令人生畏的路！主要困難是構形的可能性太多，需要做 200 億次的邏輯判定，這遠不是一個人的力量所能做到的！

人們對此望而生畏了！

　　就在這時，科學的地平線上出現了一道曙光！電腦的運用，讓四色猜想的證實有了希望。然而在 1970 年代初，即使是電腦，也要連續計算 11 年多！這是何等艱難的目標，但人類並沒有放棄這個機會，進軍的號角吹響了！科學家們通力合作，一面不斷改進方法、減少判斷次數，一面繼續提高電腦的計算速度，使問題的解決終於有了眉目。

　　1976 年 9 月，美國伊利諾大學的數學家阿佩爾和哈肯教授，運用每秒計算 400 萬次的電腦，在運轉 1,200 小時後，終於成功地完成了「四色定理」的證明工作。

　　電波傳來，寰宇震動！數學史上的三大難題之一，在人與電腦的「合作」之下，終於被征服了！這是亙古未有的奇蹟！為紀念這個歷史性的時刻與史詩般的功績，在宣布「四色定理」得證的當天，伊利諾大學郵局加蓋了以下郵戳：

　　「Four colors suffice!」（4 種顏色足夠了！）

十三、

「外星人」的算術

在茫茫的太空中，人類有知音嗎？宇宙間是否只有人類才具有智慧的大腦？科學家的回答是：「外星人，我們正在尋找！」

大概數學的語言更具有普遍性吧！數學家們似乎想的更為深入。

如果有朝一日外星人與我們來往，他們了解我們的數學語言嗎？比如最簡單的四則運算。

要解開這一團團的謎，還得從古代的記數法談起。古埃及是這樣書寫數字的：每個數位上的數目，是用專門符號反覆書寫一定次數的方式來表示。例如，2532 寫成：

ꝳꝳ ℭℭℭℭℭ ∩∩∩∩ ∩

這裡一個符號 ∩ 所代表的數，相當於 10 個符號 ∩ 所代表的數；而一個符號 ℭ 所代表的數，又相當於 10 個符號 ∩ 所代表的數……等等。從右到左，各類符號「逢十進一」。

人類對司空見慣的東西，總覺得是天經地義。孩子們從小就學習「逢十進一」的算術，隨著年齡的增長，與這種數制打交道越來越多。很少有人懷疑並追究這種數制的由來。其實，十進位制源於人類的 10 個手指。在遠古年代，人們是用扳手指來記錄數目的。兩千年前古羅馬的數字和東方中國的數字符號，無疑就是這種起源的例證（表 13.1）：

表 13.1 古代各國記數符號

阿拉伯數字	1	2	3	4	5	6	7	8	9	10
古羅馬數字	I	II	III	IV	V	VI	VII	VIII	IX	X
古代中國記數	|	||	|||	||||	|||||	T	TT	TTT	TTTT	一〇
古印度數碼	၊	၇	၃	၄	५	५	५	۸	9	10

今天，當我們寫一個數字 2532 時，實際上意味著我們使用了「逢十進一」的數制，即

$$2532 = 2 \times 10^3 + 5 \times 10^2 + 3 \times 10 + 2$$

想像得到，假如從混沌初開起，在數億年的進化過程中，人類生來就是七手八腳。那麼，我們今天記錄數字的方法，一定不會是上面這樣。現在我們把這種豐富的想像，施展於廣袤空間的智慧生物。設想與我們來往的「外星人」，長的是只有兩個光禿禿拳頭的手，那麼他們所用的數制大概會是「逢二進一」。

桌上放著一打鉛筆，地球上的小學生，全都會準確無誤地寫出鉛筆的數目為「12」。倘若有誰寫成「1100」，大家都會認為是荒謬的。然而，這卻正是使用「二進位制」的外星人所使用的「一打」數目的記號。為了今後不至於引起混亂，我們用下標（2）表示二進位制下的數。例如：

$$1100_{(2)} = 1 \times 2^3 + 1 \times 2^2 + 0 \times 2^1 + 0 = 8 + 4 = 12;$$

$$10101_{(2)} = 1\times2^4 + 0\times2^3 + 1\times2^2 + 0\times2^1 + 1 = 16 + 4 + 1 = 21 ;$$

$$\vdots$$

上面算式的右端，實際展現出怎麼把二進位制數化為常用的十進位制數。至於怎麼把十進位制數化為二進位制數，以下提供的是一種有效的途徑。比如，要把 71 寫成二進位制數，如下式，我們將 71 除以 2，餘數寫在右邊。如果除盡，則寫 0。

將商再除以 2，重複上述過程，直到商等於 1 為止。這個 1 也寫到右邊餘數那列的最下面，再從下到上寫成一行數，它便是 71 的二進位制數的表示法：

$$71 = 1000111_{(2)}$$

讀者很容易自行得到以下兩種進位制的數字對照表（表 13.2）：

表 13.2 兩種進位制的數字對照表

十進制	二進制	十進制	二進制
1	1	9	1001
2	10	10	1010
3	11	11	1011
4	100	12	1100
5	101	13	1101
6	110	14	1110
7	111	15	1111
8	1000	16	10000

　　二進位制的最大優點是，每個數位都只有 0 與 1 兩種狀態。這讓我們可以透過簡單的方法，例如白與黑、虛與實、負與正、點與劃、小與大、暗與亮等加以表示。表 13.3 所列的是 71 用二進位制的幾種表示方法。

表 13.3 71 的二進製表示法

0 與 1	1	0	0	0	1	1	1
白與黑	●	○	○	○	●	●	●
虛與實	—	...	...	...	—	...	—
負與正	＋	－	－	－	＋	＋	＋
點與劃	—	.	.	.	—	...	—
小與大	○	∘	∘	∘	○	○	○

當然，二進位制也有不足，正如大家看到的那樣，同一個數目在二進位制中要比在十進位制中，位數多很多。也有些問題在十進位制中顯得很複雜，但在二進位制中卻十分簡單。以下這則古老而有趣的傳說，頗為生動地展現了這一點。

　　印度的舍罕王打算重賞西洋棋的發明者宰相達依爾。這位聰明的大臣向國王請求說：「陛下，請您在這張棋盤的第一個小格內，賞給我一粒麥子；在第二個小格內給兩粒；第三格給四粒……照這樣下去，每一小格內都比前一小格加一倍。陛下啊！把這些擺滿棋盤上所有 64 格的麥粒，都恩賜給您的僕人吧！」

　　國王慷慨答應達依爾的要求，他覺得宰相的請求很容易滿足。

　　工作開始了，國王很快發現自己的諾言是無法實現的，因為他需要付出的麥粒數是：

$$1 + 2 + 2^2 + 2^3 + 2^4 + \cdots + 2^{63} = \frac{2^{64} - 1}{2 - 1} = 2^{64} - 1$$

$$= 18446744073709551615$$

　　這是一個長達 20 位的天文數字！這麼多的麥粒，幾乎相當於當時世界 2,000 年的小麥產量！

這個傳說的結局，人們並不清楚，猜想達依爾會因為國王無法忍受沒完沒了的債務而丟掉腦袋。

不過，我們要說的是：對於使用二進位制的「外星人」，達依爾所要求的賞賜，只是一個形式簡單的數字。

$$\underbrace{1\ 1\ 1\ 1\cdots1\ 1\ 1}_{64個1}{}_{(2)}$$

讀者想必對小學裡背誦「九九乘法表」記憶深刻，那是一件十分辛苦而費時的事。然而對二進位制數來說，各種運算規則全都出奇的簡單。任何人在半分鐘之內，都能把它背得滾瓜爛熟（表 13.4、表 13.5）：

表 13.4 二進位制加法表

加法	0	1
0	0	1
1	1	10

表 13.5 二進位制乘法表

乘法	0	1
0	0	0
1	0	1

　　表 13.4 和表 13.5 的運算規則可以歸納為 8 個字：「格式照舊，逢二進一。」利用這個規則，可以很容易地實現二進位制數的四則運算。只是對於減法，當需要向上一位借數時，必須把上一位的 1 看成下一位的 1 ＋ 1。下面是一些例子，右邊列的是十進位制的對照：

【例 1】　$1101_{(2)} + 110_{(2)} = ?$

$$
\begin{array}{r}
1101 \\
+\quad 110 \\
\hline
10011
\end{array}
\qquad
\begin{array}{r}
13 \\
+\quad 6 \\
\hline
19
\end{array}
$$

【例 2】　$10101_{(2)} - 1010_{(2)} = ?$

$$
\begin{array}{r}
10101 \\
-\quad 1010 \\
\hline
1011
\end{array}
\qquad
\begin{array}{r}
21 \\
-\quad 10 \\
\hline
11
\end{array}
$$

【例 3】　$10111_{(2)} \times 101_{(2)} = ?$

$$
\begin{array}{r}
10111 \\
\times\quad 101 \\
\hline
10111 \\
00000 \\
10111 \\
\hline
1110011
\end{array}
\qquad
\begin{array}{r}
23 \\
\times\quad 5 \\
\hline
115
\end{array}
$$

【例 4】 $110111_{(2)} \div 101_{(2)} = ?$

$$
\begin{array}{r}
1011 \\
101)\overline{110111} \\
\underline{101} \\
111 \\
\underline{101} \\
101 \\
\underline{101} \\
0
\end{array}
\qquad
\begin{array}{r}
11 \\
5)\overline{55} \\
\underline{5} \\
5 \\
\underline{5} \\
0
\end{array}
$$

仿照上例，讀者無疑可以自行設計更多的練習。

最後我們似乎還應回到本節開初的課題上。我們曾經設想「外星人」長著兩隻沒有指頭的手。當然，他們也可能是三頭六臂，或手上長著 4 或 8 根手指。因而他們的算術可能便是四進位制、八進位制……等等。但無論如何，只要「外星人」有高度發達的大腦，他們就不可能不了解最簡單的二進位制數。

基於以上認知，1974 年 11 月 16 日，德瑞克和美國阿雷西博天文臺的工作人員，對太空射了象徵性的一「箭」，向未知

圖 13.1

的「外星人」介紹地球。訊號發往武仙座 M13（梅西耶 13）球狀星團，這個星團距地球大約 2.5 萬光年。

　　訊號很短，3 分鐘便發送完畢。內容含有 1,679 個二進位制單位，完全由黑白格子組成一幅有關地球知識的影像（圖 13.1）。從底部開始分別是阿雷西博望遠鏡、太陽系各行星的大致星圖、人體形象等。最上面的一組訊號，為了讓讀者看得更加清楚，我們把它放大（圖 13.2）。讀者可以拿一把尺，把尺對準圖 13.2 的第一組箭頭，那麼你將驚奇地發現：尺的上方是用黑白格子表示的二進位制數 1，2，3，……，10，只是 8，9，10 中的高位已經拿下來放在左邊。這組訊號的含義，顯示我們所使用的是二進位制數解析的數學語言。第二組箭頭上方，是另一組二進位制數字。這是一項有關化學和生物的內容：組成地球生命的 5 種元素 —— 氫、碳、氮、氧和磷的原子序數，自右至左依次是 1，6，7，8 和 15。

圖 13.2

上述射束發送時所含的有效能量，約等於當時全球生產電力的 10 倍。對著 M13 星團的方向，這股能量使發射的訊號比太陽亮約 1,000 萬倍。有 3 分鐘我們是銀河系最亮的星！

　　但願二進位制數能幫助「外星人」了解地球上的人類！

十四、

魔術「猜姓」的科學原理

世界上有許多現象，光憑外觀很難洞悉它內在的本質。有可能兩件似乎風馬牛不相及的事情，卻有著千絲萬縷的關聯。

　　速算法是很引人入勝的，兩個十位數字相同而個位數字相補（和為 10）的數，它們的乘積可以立即寫出。例如：

$$32 \times 38 = 1216$$
$$97 \times 93 = 9021$$

　　訣竅是：答案的前兩位數等於十位數與十位數加 1 相乘的積，而後兩位數則等於兩個個位數相乘的積。

　　任何一個國中生都能夠用學過的代數知識去驗證上面速算的正確性。但並非人人原本就懂得這種關係。當他們第一次遇見這樣的演算法時，同樣會詫異不已！

　　以下介紹一種奇特的乘法，大概不會有很多人一下子想到它與二進位制數的親緣關係。

　　例如你要算乘法 29×17。先處理 29：把它除以 2，得到商 14 寫在 29 下面；再把 14 除以 2，又把商 7 寫在 14 下面……如此這般，一直寫到商是 1 為止。在以上過程中，相除時是否有餘數則不用管。於是我們得到從上到下的一列數，29，14，7，3，1，如同表 14.1 左列。

　　現在再處理 17：如同表 14.1 右列，下一個數均為上一

個數的兩倍，從上到下依次為 17，34，68，136，272。接下來，把左列的偶數及右列同行的數劃掉（表 14.2）；再把表 14.2 右列剩下的數都加起來；則所得結果 493 即為 29 與 17 的乘積。

表 14.1 計算表 1

29	* 17
14	34
7	68
3	136
1	272

表 14.2 計算表 2

29	* 17
~~14~~	~~34~~
7	68
3	136
1	272
	493

奧妙在哪裡呢？原來左列實際上做了把 29 化為二進位制的工作。從下到上這列數的奇偶性是：

奇、奇、奇，偶、奇。

把「奇」用 1，「偶」用 0 表示，即得 11101。這就是 29 的二進位制數形式。右邊一列實則依次為：

$$17，17×2^1，17×2^2，17×2^3，17×2^4，$$

劃掉與左列的偶數同一行的數後，其和為

$$493 = 17×2^4 + 17×2^3 + 17×2^2 + 17$$
$$= 17×(2^4 + 2^3 + 2^2 + 1)$$
$$= 17×11101_{(2)} = 17×29$$

　　有一種稱為「猜數」的遊戲，它的有趣形式，很難讓人想到它與上面的演算法運用同一個原理。

　　遊戲的道具是 5 張長方形紙（圖 14.1），各張上寫著以下數字：

　　第一張：1，3，5，7，9，11，13，15，17，19，21，23，25，27，29，31；

　　第二張：2，3，6，7，10，11，14，15，18，19，22，23，26，27，30，31；

　　第三張：4，5，6，7，12，13，14，15，20，21，22，23，28，29，30，31；

　　第四張：8，9，10，11，12，13，14，15，24，25，26，27，28，29，30，31；

第五張：16，17，18，19，20，21，22，23，24，25，26，27，28，29，30，31。

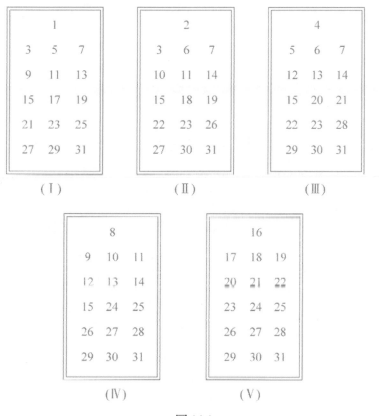

圖 14.1

現在你可以開始你的遊戲。請你的觀眾隨意想好一個 1～31 之間的數字記在心裡；然後你把 5 張紙給他看，請他把 5 張紙中有他想的數字的那幾張抽出來；那麼，你把抽出

來的紙中，寫在最上方的數都加起來，它便是觀眾所猜的那個數！比如，觀眾心裡想的數是 21，那他抽出的紙必定是（Ⅰ）、（Ⅲ）、（Ⅴ），這幾張紙最上方的數字分別為 1、4、16，因而觀眾所想的數是：

$$1 + 4 + 16 = 21$$

這似乎是神奇的，其實道理也很簡單，認真觀察一下就知道，紙（Ⅰ）上所有的數，用二進位制寫，都是形如

$$\times\times\times\times1_{(2)} \quad 1$$

的數，而紙（Ⅱ）、（Ⅲ）、（Ⅳ）、（Ⅴ）上的數則分別形如：

$$\times\times\times1\times_{(2)} \quad 2$$
$$\times\times1\times\times_{(2)} \quad 4$$
$$\times1\times\times\times_{(2)} \quad 8$$
$$1\times\times\times\times_{(2)} \quad 16$$

如果某一數字在（Ⅰ）、（Ⅲ）、（Ⅴ）中出現，而不在（Ⅱ）、（Ⅳ）中出現，那麼此數必為 $10101_{(2)} = 16 + 0 + 4 + 0 + 1 = 21$。上面式子中的 16、4 和 1，我們已經用隱密的方式，寫在相應紙的上端，遊戲者不必臨時換算。

「猜數」遊戲可以改頭換面，變成一種相當精彩的小魔術：「猜姓」。在魔術中不見任何一個數字，更無需做什麼加法，而是透過穿洞式直接顯示的方式，找出所要猜的姓氏。

　　魔術的道具是 6 張像撲克牌一樣的長方形卡片，一張卡片上寫的是常見的 32 種姓氏（圖 14.2），另外 5 張卡片設計如圖 14.3，畫有圓圈的地方是空洞。

張	王	李	趙
呂	鄭	周	黃
陳	林	劉	魏
孫	許	葉	江
毛	吳	顧	楊
杜	胡	蘇	潘
邱	程	謝	余
蕭	鄧	高	梁

圖 14.2

```
(1)                  (2)                  (3)
○ 毛 ○ 李            李 趙 ○ ○            蕭 ○ 趙 ○
○ 顧 ○ 張            周 黃 ○ ○            ○ 周 ○ 王
呂 ○ 余 ○            ○ ○ 陳 林            杜 ○ 魏 ○
周 ○ 梁 ○            ○ ○ 孫 許            ○ 葉 ○ 林
○ 杜 ○ 程            顧 楊 ○ ○            陳 ○ 楊 ○
○ 蘇 ○ 鄧            蘇 潘 ○ ○            ○ 蘇 ○ 吳
魏 ○ 林 ○            ○ ○ 邱 程            呂 ○ 余 ○
許 ○ 江 ○            ○ ○ 蕭 鄧            ○ 高 ○ 程


(4)                              (5)
○ ○ ○ ○                          ○ ○ ○ ○
毛 吳 李 趙                        ○ ○ ○ ○
顧 林 張 王                        ○ ○ ○ ○
○ ○ ○ ○                          ○ ○ ○ ○
陳 謝 邱 程                        李 周 劉 葉
○ ○ ○ ○                          趙 黃 魏 江
劉 魏 余 楊                        張 呂 陳 孫
                                 許 鄭 林 王
```

圖 14.3

　　魔術表演時，你可以請你的觀眾看一看各張紙上有沒有他自己的姓。如果有，則該張卡片正放；如果沒有，則第（1）（2）（3）卡片左右翻，第（4）（5）卡片上下翻；然後將 6 張卡片對齊，把完整姓氏的卡片放在最下面（圖14.4）。例如，觀眾的姓氏出現在第（1）（2）（3）（5）卡

片中，則第（1）（2）（3）卡片均正放；第（4）卡片上下翻；第（5）卡片正放。5張卡片對齊後，只留下一個洞是穿過全部5張卡片的，這個洞正對著完整姓氏卡片上的「周」，這就是那位觀眾的姓。

這可是一個有趣的魔術，建議你照圖做一副道具，相信你將在朋友中引起不小的轟動喔！

圖 14.4

十五、

火柴遊戲的決勝奧祕

一種受人喜愛的對策遊戲的魅力在於，對策的雙方都有獲勝的機會。人人都可以運用自己的智慧謀求獲勝的策略，人人都希望自己能比對手技高一籌。倘若一種對策遊戲，對策雙方對獲勝之道一清二楚，大家都照某種固定的規則去應付對方，雙方之間的祕密已蕩然無存。這樣的遊戲必定索然無味，對策本身也就失去了魅力。

　　數學家的興趣則完全是另外一回事，他們竭盡心思想弄清楚各種遊戲的獲勝策略或獲勝的可能性大小。因為他們認為，從研究對策模型所獲得的數學方法，遠比對策中的勝負要重要得多。不過，即使數學家們已經得出準確結論的東西，也未必能被世人所盡知。人們依舊津津樂道地玩他們自己的遊戲！1912 年，德國數學家策梅洛（Ferdinand Zermelo，1871 ～ 1953）研究了西洋棋中的對策，證明了必定存在一種不論對方怎麼行動，自己總能獲勝或下成和局的方法！但這絲毫沒有影響人們對西洋棋的愛好，世界性的比賽依然一個接一個！

　　還有一種極為有趣的火柴遊戲，數學家們對它的研究早已一清二楚，但至今仍然深深吸引許多學生愛好者，成為他們課餘飯後的一種娛樂。這種遊戲源於中國，大約 100 多年前傳入歐洲，取名「尼姆遊戲」（Nim）。

　　遊戲的方法是這樣的：有若干堆火柴，每堆火柴的數目是任意的。現有 A、B 兩人輪流取這些火柴，每人只能從某

堆中取去若干根火柴，也可以整堆全部取走，但不允許跨堆取，即不能一次往兩堆中拿。約定誰拿掉最後一根火柴，就算誰贏。

數學家們已經完全掌握這種兩人遊戲的致勝訣竅。為了讓讀者充分了解獲勝的奧妙，我們先從遊戲中的獲勝位置講起。

為敘述方便，我們用記號（p，q，r，……，s）表示對策中火柴的狀態。例如（2，2）表示有兩堆火柴，每堆各有兩根；（1，2，3）表示有三堆火柴，各堆分別為 1 根、2 根和 3 根……等。

很明顯，（1，1）*是一種獲勝位置，這是可以直接加以驗證的。（2，2）*也是一種獲勝位置。事實上當 A 拿成（2，2）後，無論 B 怎樣應付，都是 A 勝。

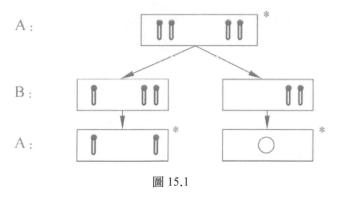

圖 15.1

* 即獲勝位置

149

同樣，$(1，2，3)^*$也是獲勝位置。當A拿成（1，2，3）後，B可能拿成以下幾種情形：

- B拿成（2，3），A拿成$(2，2)^*$勝；
- B拿成（1，2，2），A拿成$(2，2)^*$勝；
- B拿成（1，1，3），A拿成$(1，1)^*$勝；
- B拿成（1，3），A拿成$(1，1)^*$勝；
- B拿成（1，2，1），A拿成$(1，1)^*$勝；
- B拿成（1，2），A拿成$(1，1)^*$勝。

同樣分析可以知道$(n，n)^*$及$(1，2n，2n＋1)^*$等都是獲勝位置。那麼，怎樣的位置才是獲勝位置呢？探索的過程無疑是很艱辛的！但讀者大可不必去重蹈那曲折的認知過程，數學家們已經為我們找到了捷徑。

把每一堆火柴的數目用二進位制數表示出來，寫成一列。於是，有幾堆火柴就有幾列二進位制數位。例如（2，2）、（1，2，3）、（3，6，7）和（4，5，6，7）等狀態，可以相應寫出：

$$
\begin{array}{c}
\begin{array}{cc}
1 & 0 \\
1 & 0 \\
\hline
偶 & 偶
\end{array}
\qquad
\begin{array}{cc}
 & 1 \\
1 & 0 \\
1 & 1 \\
\hline
偶 & 偶
\end{array}
\qquad
\begin{array}{ccc}
 & 1 & 1 \\
1 & 1 & 0 \\
1 & 1 & 1 \\
\hline
偶 & 奇 & 偶
\end{array}
\qquad
\begin{array}{ccc}
1 & 0 & 0 \\
1 & 0 & 1 \\
1 & 1 & 0 \\
1 & 1 & 1 \\
\hline
偶 & 偶 & 偶
\end{array}
\end{array}
$$

把各列數對齊，並將各行數位相加（不進位），把各自結果的奇偶性寫在該行的下方。如果得到的全是偶，則相應的火柴狀態稱為正確的狀態。數學家告訴我們，正確的狀態是獲勝位置，不正確的狀態就不是獲勝位置。

　　道理並不難，假定 A 拿成了一種正確狀態，這時各堆火柴的數目所寫成的二進位制數各行之和均為偶數。現在輪到 B 拿，B 不可避免地要動到某列二進位制數，從而使這一列的一些 1 變成 0，而另一些 0 變成 1。這就使一些行的和由偶變為奇，從而由正確狀態變為不正確狀態。

　　反過來，如果 B 已經拿成不正確狀態，比如拿成

偶，偶，奇，偶，奇，偶。

　　這表示在右起第二行和第四行內，至少各有一個 1，此時有以下兩種可能性：

　　（1）上述兩個「1」在同一個二進位制數內，即

$\times \times 1 \times 1 \times$

　　則 A 只要從這個二進位制數相應的那堆火柴裡，取走 $1010_{(2)} = 10$ 根，這一列的數就變為

$\times \times 0 \times 0 \times$

上式有「×」的地方，數字不變。這樣，A 拿後的火柴狀態變為正確狀態。這時相應二進位制數各行之和，包括第二行與第四行，都變為偶數。

（2）上述兩個「1」不在同一列，而在兩個不同的列：

$$\begin{pmatrix} \times & \times & 1 & \times & 0 & \times \\ \times & \times & 0 & \times & 1 & \times \end{pmatrix}$$

由於

$$1000_{(2)} - 0010_{(2)} = 8 - 2 = 6 = 0110_{(2)}$$

也就是說，當從上一列相應的堆取走 6 根火柴時，上面兩列將變為如下狀態：

$$\begin{pmatrix} \times & \times & 0 & \times & 1 & \times \\ \times & \times & 0 & \times & 1 & \times \end{pmatrix}$$

式中有「×」的地方，數字都不變。從而各行之和全為偶數。即此時 A 已拿成正確狀態。

綜合以上兩種情形，說明如果 B 拿成不正確狀態，則 A 一定有辦法把它拿回到正確狀態。而 A 一旦拿成正確狀態，輪到 B 拿，就只能破壞這種狀態，這就是說，只要 A 在遊戲的某個時刻掌握住正確狀態，實際上已經穩操勝券了！

我想聰明的讀者大概都已掌握了火柴遊戲的獲勝祕訣。不過，如果對方是生手，你完全不必如臨大敵。因為開始時，每堆火柴數目很多，堆數也很多，你完全可以隨心所欲地拿。等火柴拿得差不多時，再看準那些形如：

$$(2，2)，(1，2，3)，(n，n)，(1，2n，2n+1)$$

之類基本獲勝位置或它們的組合，你的勝利是完全不成問題的！

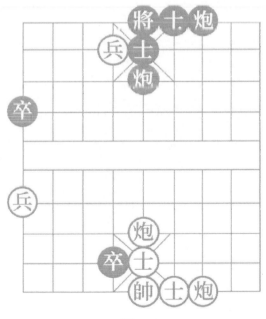

圖 15.2

火柴遊戲有許多有趣的變種。其中最為精彩和出人意料
的是象棋中的悶殺（圖 15.2），雙方的炮均不能離行，逼近
將邊的兵也不該動，否則必輸無疑。因此雙方只有動炮及邊
兵，如果把可動的空位當成火柴的根數，那麼這種棋局相當
於初始狀態為（1，4，8）的火柴遊戲。這不是一個獲勝位
置，所以先走的人第一步走「炮七進三」，必定可操勝券。
因為這時的狀態（1，4，5）[*]已是一個獲勝位置。

十六、

布林先生的命題代數

　　正如在代數中我們習慣用字母表示數那樣，在本書的前面章節裡，我們已經習慣用字母表示命題。

　　以下是一個實用而有趣的命題遊戲。

　　甲、乙兩個保管員合管一個倉庫。為了兩人都方便，他們商量好，各自備一把鎖，如同圖 16.1 那樣互相勾掛著。這樣，只要開了甲、乙兩把鎖中的一把，倉庫門就開了。用符號表示以下命題：

　　$A =$「甲的鎖開啟」

　　$B =$「乙的鎖開啟」

　　$C =$「倉庫的門開啟」

圖 16.1

　　顯然，圖 16.1 情形顯示：「A 或 $B \rightarrow C$」。這種命題「或」的運算，又稱命題的「邏輯和」（邏輯或），記作 $A + B$。於是圖 16.1 有

$$A + B \rightarrow C$$

後來倉庫進了一批貴重物品，為了責任起見，兩人約定只有同時到場才能進倉庫。於是他們又把鎖改成圖 16.2 的掛法。即「A 與 $B \to C$」。這種命題「與」的運算，又稱為命題的「邏輯乘」（邏輯與），記作 $A \cdot B$。從而圖 16.2 有

圖 16.2

$$A \cdot B \to C$$

在大多數的文獻中，「邏輯和」與「邏輯乘」分別採用記號「$\vee$」與「$\wedge$」，並稱為「合取」與「析取」。本書採用大家熟悉的記號「$+$」與「$\cdot$」，目的是希望讀者能對此產生親切感，不致因生疏的符號而望之生畏。

正如上面例子中我們所關心的是「門是否開啟」一樣，邏輯學家關心的是，如何判斷命題的真與假。

1847 年，一位完全靠自學成才的英國數學家喬治·布林（George Boole，1815 ～ 1864），深刻研究了命題演算的以下規律：即當命題 A 和命題 B 同時為真時，命題 $A \cdot B$ 才能為

157

真。特別當 A 為真時，$A \cdot A = A^2$ 才能為真。從真假性的意義來說，A^2 與 A 是等價的，即可寫成 $A^2 = A$。布林先生發現：

$$X \cdot X = X^2 = X$$

是所研究的邏輯類演算的特有規律。它不同於普通的代數運算，它決定了邏輯變數只能取 0 和 1 兩個值。布林解釋道：如果用 X 表示命題的值，那麼 $X = 1$ 表示命題 X 為真，$X = 0$ 表示命題 X 為假。於是布林先生得到了命題運算的真值表（表 16.1）：

表 16.1 命題運算的真值表

A	B	$A \cdot B$	$A + B$	$\overline{A}$	$\overline{B}$
1	1	1	1	0	0
1	0	0	1	0	1
0	1	0	1	1	0
0	0	0	0	1	1

利用表 16.1，很容易驗證「或」、「與」、「非」3 種邏輯運算，具有以下基本性質：

（1）「或」運算的基本性質

$A + B = B + A$（加法交換律）；

$A + (B + C) = (A + B) + C$（加法結合律）；

$A + 0 = A$；

$A + 1 = 1$；

$A + A = A$（加法重複律）。

（2）「與」運算的基本性質

$A \cdot B = B \cdot A$（乘法交換律）；

$A \cdot (B \cdot C) = (A \cdot B) \cdot C$（乘法結合律）；

$A \cdot 0 = 0$；

$A \cdot 1 = A$；

$A \cdot A = A$（乘法重複律）。

（3）「非」運算的基本性質

$$A + \overline{A} = 1;$$

$$A \cdot \overline{A} = 0;$$

$$\overline{\overline{A}} = A \text{（雙重否定律）。}$$

（4）乘法對加法的分配律

$P \cdot (A + B + \cdots + C) = P \cdot A + P \cdot B + \cdots + P \cdot C$

　　就這樣，布林先生創造了一種嶄新的代數系統。這種代數系統，把邏輯思維的規律，歸結為代數演算的過程。從而使邏輯關係的判斷與推理，複雜命題的變換與簡化，終於找到了巧妙而有效的數值化途徑。例如乘積 $P \cdot Q \cdot R \cdots\cdots S$，這個乘積命題肯定了它的每個分支命題的論斷 —— 如果分支

命題都是真的，那麼乘積命題自然也是真的；反過來，如果乘積命題是真的，那麼它的每個分支命題也必須是真的。用命題的真值表示，就是：

$$P \cdot Q \cdot R \cdot \cdots \cdot S = 1 \longleftrightarrow \begin{cases} P = 1 \\ Q = 1 \\ R = 1 \\ \vdots \\ S = 1 \end{cases}$$

符號「←→」表示等價。同理，若 $P \cdot Q \cdot R \cdots\cdots S = 0$，則在 P，Q，R，……，S 之中，至少有一個真值為 0，反之亦然。

在邏輯問題中，我們還經常把蘊涵命題「$P \rightarrow Q$」轉換為方程式 $\overline{P} + Q = 1$ 或 $P \cdot \overline{Q} = 0$。這種轉換的等價性，由表 16.2 可以看得非常清楚。

表 16.2 真值表

P	Q	$\overline{P}$	$\overline{Q}$	$\overline{P} + Q$	$P \cdot \overline{Q}$
1	1	0	0	1	0
0	1	1	0	1	0
0	0	1	1	1	0

上面所講的有關命題運算的一些知識，遠非人們想像的那麼枯燥無味和費解。以下一些有趣的問題，將使你領會布林先生的代數技術是多麼有用。

這是一個著名的、關於判定誰有罪的智力難題。

已知：若 A 無罪，則 B 與 C 都有罪；

在 B 與 C 中必有一人無罪；

要麼 A 無罪，要麼 B 有罪。

問：誰有罪？

為了把邏輯推理問題化為命題代數問題，我們用 A、B、C 分別代表命題「A 有罪」、「B 有罪」、「C 有罪」。依題意得：

$$\begin{cases} \overline{A} \to B \cdot C, & \text{即有} \quad A + B \cdot C = 1 \\ \overline{B} + \overline{C} = 1 \\ \overline{A} + B = 1 \end{cases}$$

由此 $(A + B \cdot C)(\overline{B} + \overline{C})(\overline{A} + B) = 1$

上式左端展開後，給出：

$$A B \overline{A} + A \overline{B} B + A \overline{C} A + A \overline{C} B + B C \overline{B} \overline{A} + B C \overline{B} B +$$
$$B C \overline{C} \overline{A} + B C \overline{C} B = 1$$

注意到對於命題 X，有

$$X \cdot \overline{X} = 0$$

則上式左端除 $A\overline{C}B$ 一項外，其餘全為 0，即得

$$A\overline{C}B = 1$$

這意味著 $A = 1$，$\overline{C} = 1$，$B = 1$。也就是說，A 和 B 是有罪的；C 是唯一的無罪者。

對於含有條件命題的推理問題，上例所用的技巧是具有普遍意義的。下面典型的例子，將使你處理這類問題的技巧得到進一步熟練和鞏固。

在一次班級選舉中，小華、小明和小聰都被選為班級代表。已知：

如果小華是體育股長，那麼小明就是學藝股長；

如果小華是學藝股長，那麼小明就是班長；

如果小明不是體育股長，那麼小聰就是學藝股長；

如果小聰是班長，那麼小華就是學藝股長。

問：各人擔任什麼職務？

這是一個相當困難的智力問題。為敘述方便，我們用 A、B、C 代表小華、小明和小聰，而用下標 1、2、3 分別代表擔任學藝股長、體育股長和班長。

依題意得：

$$\begin{cases} A_2 \rightarrow B_1, & \text{即有} & \overline{A}_2 + B_1 = 1 \\[2mm] A_1 \rightarrow B_3, & \text{即有} & \overline{A}_1 + B_3 = 1 \\[2mm] \overline{B}_2 \rightarrow C_1, & \text{即有} & B_2 + C_1 = 1 \\[2mm] C_3 \rightarrow A_1, & \text{即有} & \overline{C}_3 + A_1 = 1 \end{cases}$$

由此

$$(\overline{A}_2 + B_1)\,(\overline{A}_1 + B_3)\,(B_2 + C_1)\,(\overline{C}_3 + A_1) = 1$$

上式左端展開後，給出

$$\begin{aligned} &\overline{A}_2\overline{A}_1B_2\overline{C}_3 + \overline{A}_2\overline{A}_1B_2A_1 + \overline{A}_2\overline{A}_1C_1\overline{C}_3 + \overline{A}_2\overline{A}_1C_1A_1 \\ &+ \overline{A}_2B_3B_2\overline{C}_3 + \overline{A}_2B_3B_2A_1 + \overline{A}_2B_3C_1C_3 + \overline{A}_2B_3C_1A_1 \\ &+ B_1\overline{A}_1B_2\overline{C}_3 + B_1\overline{A}_1B_2A_1 + B_1\overline{A}_1C_1\overline{C}_3 + B_1\overline{A}_1C_1A_1 \\ &+ B_1B_3B_2\overline{C}_3 + B_1B_3B_2A_1 + B_1B_3C_1\overline{C}_3 + B_1B_3C_1A_1 = 1 \end{aligned}$$

由於不相容的命題不可能同時為真，因此上式左端除第一、三、七項外，其餘各項均為 0，即得

$$\overline{A}_2\overline{A}_1B_2\overline{C}_3 + \overline{A}_2\overline{A}_1C_1\overline{C}_3 + \overline{A}_2B_3C_1\overline{C}_3 = 1$$

化簡得

$$\overline{A}_2\overline{C}_3\,(\overline{A}_1B_2 + \overline{A}_1C_1 + B_3C_1) = 1$$

從而推知

$$\begin{cases} \overline{A}_2 = 1, \quad \overline{C}_3 = 1 \\ \overline{A}_1 B_2 + \overline{A}_1 C_1 + B_3 C_1 = 1 \end{cases}$$

注意到 $\overline{A}_2 = 1 \to A_2 = 0$，這就使得 $B_3 C_1 = 0$（否則將 $A_2 = 1$，出現矛盾）。於是有

$$\overline{A}_1 B_2 + \overline{A}_1 C_1 = 1$$

簡化得

$$\overline{A}_1 \left(B_2 + C_1 \right) = 1$$

從而

$$\left. \begin{array}{l} \overline{A}_1 = 1 \to A_1 = 0 \\ \quad \text{又 } A_2 = 0 \end{array} \right\} \to A_3 = 1 \\ \quad \text{又 } B_2 + C_1 = 1 \end{array} \right\} \to \begin{cases} B_2 = 1 \\ C_1 = 1 \end{cases}$$

最後的推理是：若 $B_2 = 0$，則只有 $B_1 = 1$，從而 $C_1 = 0$，這與 $B_2 + C_1 = 1$ 矛盾。

綜上，我們得到 $A_3 = 1$，$B_2 = 1$，$C_1 = 1$。這個結論顯示：小華被選為班長，小明被選為體育股長，小聰則被選任學藝股長。

親愛的讀者，從上面的例子，你是否已經發現，用命題代數的技巧解這類邏輯難題的祕訣？我想答案會是肯定的！

十七、

太極八卦與命題簡化

古老的文化，往往籠罩著神祕的色彩，太極八卦便是一例。八卦源於中國，相傳為上古聖人伏羲氏所創。由於它結構奇特，使人有變幻莫測之感，因此古人把它用作占卜、圖讖問卦、宣揚「天命」，使之又蒙上了一層迷信的煙塵。

　　古人認為陰陽二氣是宇宙之本，所以太極八卦圖的正中央，畫的是一對頭尾相咬的陰陽魚，周圍是八組不同的「三線圖」，由陰陽符號組成，陰缺陽實（圖 17.1）。

圖 17.1

　　如果把八卦圖中的「─」譯為「1」，而把「--」譯為「0」，那麼八卦中的三線圖便與二進位制數建立以下對應關係（表 17.1）：

表 17.1 八卦三線圖與二進位制數的關係

八卦符號	卦名	二進制碼	十進制碼	立體座標
☷	坤	000	0	(0,0,0)
☳	震	001	1	(0,0,1)
☵	坎	010	2	(0,1,0)

	兌	011	3	(0,1,1)
	艮	100	4	(1,0,0)
	離	101	5	(1,0,1)
	巽	110	6	(1,1,0)
	乾	111	7	(1,1,1)

　　由此可見，八卦實際上是最早的二進位制。在歐洲，二進位制的建立始於德國數學家萊布尼茲（1703 年）。

　　表 17.1 的最右一行，是將八卦符號改寫為立體座標的形式（圖 17.2）。有趣的是：表中 8 個座標代表的點，恰好構成空間單位正方體的 8 個頂點。讀者很快就會看到，這種相當直觀的立體八卦模型，在我們複合命題的簡化中，將發揮何等重大的作用！

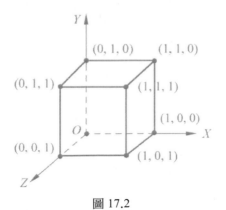

圖 17.2

從〈十五、火柴遊戲的決勝奧祕〉中我們看到，許多表示複合命題的邏輯式，是由基本命題及其否定之積相加的形式表現出來的。這樣的

式子稱為邏輯和的標準形式。例如：

$R = A + BC$

$S = A\overline{B} + \overline{BC} + AC$

$T = ABC + AB\overline{C} + A\overline{BC} + ABC$

　　最後一個邏輯式，它的每一項積包含有全部的基本命題或其否定。這樣的邏輯和標準形式稱為「完全的」。

　　很明顯，一個非標準形式的邏輯式，可以透過展開化為標準形式。而一個標準形式的邏輯式，又可以進一步化為完全標準形式。這只需反覆應用 $X + \overline{X} = 1$ 這個公式即可。例如：

$$R = A + BC$$
$$= A\,(B + \overline{B})\,(C + \overline{C}) + (A + \overline{A})\,BC$$
$$= ABC + AB\overline{C} + A\overline{B}C + A\overline{BC} + \overline{A}BC$$
$$S = A\overline{B} + \overline{BC} + AC$$
$$= A\overline{B}\,(C + \overline{C}) + (A + \overline{A})\,\overline{BC} + A\,(B + \overline{B})\,C$$
$$= A\overline{B}C + A\overline{BC} + A\overline{BC} + \overline{ABC} + ABC + A\overline{B}C$$
$$= A\overline{BC} + A\overline{B}C + \overline{ABC} + ABC$$

讀者完全可以想像得到，一個複合命題的「完全式」，可以在前面提到的立體八卦模型上表示出來，只是把 3 條座標軸換成基本命題 A、B、C 罷了。這樣，「完全式」的某個項，便表示為圖 17.3 立方體中的某個頂點。標出這些頂點，便得到相應複合命題的幾何模型。

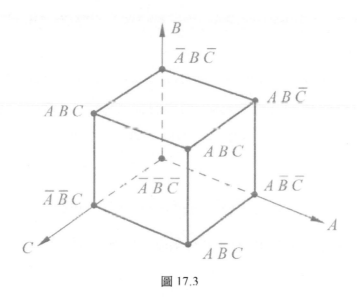

圖 17.3

例如，對於複合命題

$$X = ABC + \overline{A}BC + A\overline{BC}$$

$$Y = ABC + \overline{A}BC + A\overline{B}C + AB\overline{C}$$

我們可以分別得到如下的幾何模型（圖 17.4）：

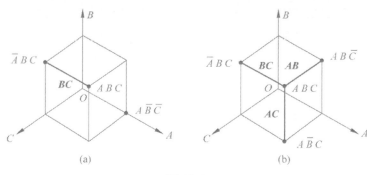

圖 17.4

　　可能讀者已經發現，圖 17.4 中的某些稜已被畫為粗線。這是因為當一條稜的兩端同時出現在邏輯和的表示式中時，該邏輯式一定可以簡化。例如圖 17.4（a）的點（$\overline{A}BC$）與（ABC），由於

$$\overline{A}BC + ABC = （\overline{A} + A）BC = BC$$

　　這意味著它可簡化為連線兩點的稜 BC。由圖 17.4 可知，X、Y 可簡化為：

$$X = BC + A\overline{BC}$$

$$Y = AB + BC + AC$$

　　同理，若立體模型中某個面的 4 個頂點同時出現在邏輯和的表示式中，那麼這部分的表示式便可簡化為代表這個面的一個字母。例如，前面提到的

$$T = ABC + AB\overline{C} + A\overline{B}\overline{C} + A\overline{B}C$$

右側 4 項，分別表示圖 17.5A 面上的 4 個頂點，於是 T 可簡化為 A。事實上，直接計算有：

$$T = AB（C + \overline{C}）+ A\overline{B}（\overline{C} + C）$$
$$= AB + A\overline{B} = A（B + \overline{B}）= A$$

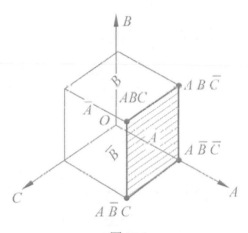

圖 17.5

需要說明的是：在做命題簡化時，我們只需從邏輯和的標準式開始就可以了。因為標準式一般比「完全式」來得簡單。引進「完全式」只是為了講解上的方便。實踐上，對已經簡化了的東西，無須回到更為複雜的模式。這好比馬拉松比賽，此時你已經跑了 3 公里，如果你想向觀眾證明你有能

力跑完全程,那麼你完全不必回到起點去重新起跑,接下去
跑到終點就對了!

為了讓讀者有所仿效,下面我們舉一個用立方體簡化複
合命題的完整例子。已知:

$$U = AB + BC + A\overline{B}C + A\overline{B}\,\overline{C}$$

畫出命題 U 的幾何模型容易看出,圖 17.6 中有 4 個頂點
位於 A 面上,從而命題 U 可以簡化為:

$$U = A + BC$$

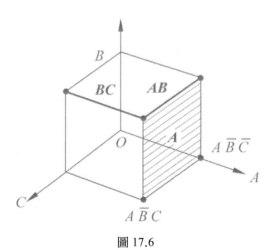

圖 17.6

可能有讀者會問:前面講的都是 3 個基本命題的情形,
對於 4 個或更多基本命題的情形又該怎麼辦呢?要回答這個問

174

題，我們還需要許多其他知識，例如需要了解四維立方體或多維立方體的概念等。哪怕只做最粗略地介紹，也要花費巨大的篇幅，所以我們除了提一下四維空間之外，其餘便從略了。

提到第四維，讀者可能感到有點神祕，其實我們生活的時空便是四維空間，時間就是第四維，世間的萬物全都在時間的長河裡流淌！我們只有用時間和空間，才能準確地描繪周圍發生的事件。如果我們把 2020 年除夕之夜的地球軌道視為一個平面（圖 17.7），而我們又有一個碩大無朋的立方體，繞著太陽在同一平面上運轉，那麼時間作為第四維的意義，將更加直觀地顯現出來。

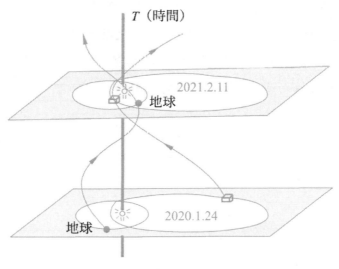

圖 17.7

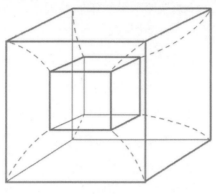

圖 17.8

　　至於四維立方體，可以想像成一個普通的立方體，隨時間推移而逐漸縮小，過單位時間後，定格為內部的小立方體，如同圖 17.8 所示。這可是一個奇怪而有趣的圖形！它有 16 個頂點、24 個面和 32 條稜！至於如何利用它去簡化含有 4 個基本命題的複合命題，就留給讀者去思考了。不過，千萬別小看這道題，它可得費一番腦筋呢！

十八、

思維機器的「腦細胞」

半個多世紀以前，英國數學家艾倫‧圖靈（Alan Turing，1912～1954）曾經說過：「任何問題如果能表達為用機器演算的有限次操作，便能用機械來加以解決。」這句話在進入電腦時代的今天，已經沒有人懷疑了！

有幾千年的時間，算盤曾是最為先進的計算工具。然而算盤每一個算珠的撥動，都是由計算者的大腦去指揮的。

1642 年，19 歲的法國數學家布萊茲‧帕斯卡（Bryce Pascal，1623～1662），發明了加法器（圖 18.1），這種機器由一系列的齒輪組合而成，目前在世界各地博物館還儲藏著 5 臺。1667 年，德國數學家萊布尼茲對帕斯卡的機器加以改進，使之可以進行加減乘除，這已經十分接近現代的桌上型電腦了。

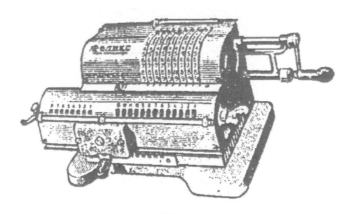

圖 18.1

桌上型電腦的出現既是一種成就，又代表著僵化的盡頭。它與人類夢寐以求的「思維機器」有著本質的不同。

　　大約兩個世紀以前，英國數學家查爾斯‧巴貝奇（Charles Babbage，1792～1871）曾設想一種分析的機器，這種機器能記憶、儲存、進行任何數學運算、對運算的結果作比較，透過穿孔卡輸入、輸出指令和數據……等。巴貝奇的想法已經與現代電腦很吻合，但那個時代的技術水準，遠遠落後於他的思想，巴貝奇在奮鬥了 37 年之後，終於在痛苦與失望中死去！

　　在巴貝奇死後 75 年，即 1946 年，他所想像的機器才由美國數學家約翰‧范紐曼（John von Neumann，1903～1957）等人製造出來。這就是世界上第一臺電子數字電腦，它是一個占地 170 平方公尺，重 30 噸的龐然大物！從那時起，這種機器幾經更新，「繁衍」出許多高級複雜的尖端後代。新的電腦採用大規模的積體電路，這些整合塊（圖 18.2）包含有數以億計的開關元件和數以億萬計的高速記憶元件，但體積卻小到可以與火柴頭相比擬。在電晶體的整合密度上，目前世界上頂級工藝，已經達到 3～5 奈米。

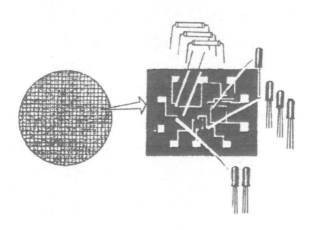

圖 18.2

　　電腦的運算速度是無與倫比的，在〈十二、數學史上亙古未有的奇蹟〉中，讀者已經領略到電腦的這種神力。不過，儘管目前電腦正以令人驚異的速度變得越來越神通廣大，越來越精巧。它能夠記憶、計算、判斷和比較，甚至能夠辨認。然而，在人工智慧方面，模擬人類思維的嘗試，電腦目前仍處於幼兒階段，要達到成人的水準，似乎尚需時日！

　　在古老的國度，關於「思維機器」的傳說，是極為動人而有趣的。

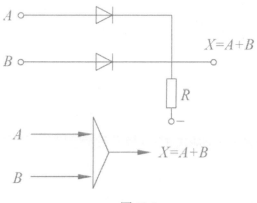

圖 18.3

　　據魏晉時代《列子‧湯問》篇記載：相傳周穆王西遊時，途中遇到一位名叫偃師的巧匠，他把自己製造的一個能歌善舞的機器人獻給周穆王。這個機器人走路、昂首、低頭，一切都宛如真人。唱歌合於音律，跳舞應於節拍，真是唯妙唯肖、巧奪天工。周穆王以為是真人，使帶著愛妃們一同觀看。不料在表演將近結束時，機器人竟用眼睛向周穆王的妃子調情、挑逗！周穆王為此大怒，要殺偃師的頭。偃師趕忙把機器人拆卸下來，但見裡面肝肺心脾一應俱全，皮膚則是皮革塗以油漆。去其心，機器人便不會說話；摘其肺，則兩眼失明；破其腎，則腳無法走路。再裝配起來，跟原先看到的一模一樣。最後周穆王赦免了偃師。

　　以上的傳說，顯然只是古人對「思維機器」的豐富想像而已。要弄清楚真正思維機器的奧祕，還得從這種機器的

「腦細胞」談起。

在〈十六、布林先生的命題代數〉中我們講過，命題真值的訊號可以相加、相乘或否定。很明顯，這種能使命題的訊號進行運算的邏輯元件，就是思維機器的「腦細胞」！這樣的「腦細胞」有 3 類：「或閘」、「及閘」、「反及閘」。「或閘」是具有訊號相加功能的邏輯元件。圖 18.3 是利用二極體構成的「或閘」電路圖，下方是它的邏輯圖。

由於二極體具有單向導電的特性（朝箭頭方向），所以當「或閘」的輸入端都是低電位時（即 $A = 0$，$B = 0$），輸出端 X 才是低電位。也就是說，我們有 $A + B = X$（表 18.1）。

表 18.1 $A + B = X$

A	B	X
1	1	1
0	1	1
1	0	1
0	0	0

「及閘」是具有訊號相乘功能的邏輯元件。

圖 18.4 是利用二極體構成的「及閘」電路圖，上方是它的邏輯圖。電學知識告訴我們，只有當輸入端 A、B 都是高

電位，即 $A = B = 1$ 時，電阻 R 才不產生電壓降。從而輸出端 X 才保持高電位，即 $X = 1$。也就是說，我們有 $A \cdot B = X$（表 18.2）。

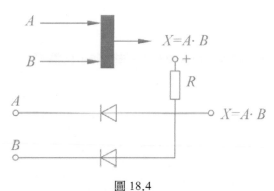

圖 18.4

表 18.2 $A \cdot B = X$

A	B	X
0	0	0
0	1	0
1	0	0
1	1	1

「反及閘」是實現訊號否定的邏輯元件。只有一個輸入端和一個輸出端，A 端輸入，X 端輸出。若 $A = 1$，則 $X = 0$；若 $A = 0$，則 $X = 1$。

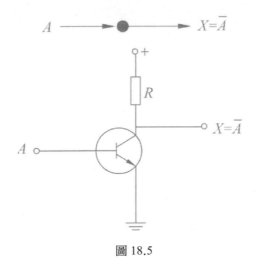

圖 18.5

　　圖 18.5 上方是「反及閘」的邏輯圖，下方是用一個三極體組成的「反及閘」電路。當輸入端 A 零電位，即 $A = 0$ 時，三極體中無電流。於是輸出端 X 與集電極等壓，即 $X = 1$。反之，當 A 加上高電位，即 $A = 1$ 時，三極體導電，X 端的電位降低，即 $X = 0$。從而 X 與 A 為反相電路。也就是說，我們有 $X = \overline{A}$。

　　以下我們來看一看，上面這些思維機器的「腦細胞」是怎麼配合工作的。例如我們思索一個非常簡單的二進位制個位數加法。設 A、B 是輸入的加數與被加數。X、Y 為輸出的結果，無疑 X、Y 都能表示為 A、B 的邏輯和標準式。事實上，我們有

184

A	B	X	Y
0	0	0	0
0	1	0	1
1	0	0	1
1	1	1	0

$$\begin{cases} X = AB \\ Y = A\bar{B} + \bar{A}B \end{cases}$$

$$\begin{array}{r} A \\ + \quad B \\ \hline X \quad Y \end{array}$$

　　上面邏輯和表示式的求法，頗有　些技巧，下　節我們將專門講到它。這裡我們預先假定已經知道它們的構造。

　　根據所得X、Y的構造，我們可以畫出相應的功能圖（圖18.6）。這個裝置通常稱為「半加法器」。

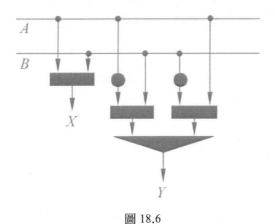

圖 18.6

　　以下我們再看看思維機器的「腦細胞」，是如何判斷兩個數的大小的。設甲、乙是兩個二進位制數，假令它們最高位的數分別為 A、B。根據圖 18.7，讀者不難明白：當 $\overline{A}B$ 有訊號輸出時，$B > A$，當 $A\overline{B}$ 有訊號輸出時，$A > B$；如果兩者都有或都沒有訊號輸出，則轉而比較第二高位。

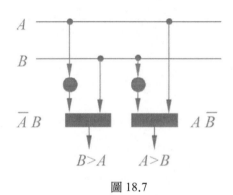

圖 18.7

　　作為練習，建議讀者自行設計一個能施行 3 個個位數相加的裝置。這樣的裝置叫「全加法器」，在電腦的運算部分可能派上大用場呢！

　　（提示：分解為兩次使用半加法器的邏輯和構造）

十九、

開關電路與自動裝置

「自動裝置」大概是人世間最為迷人的字眼之一。

照控制論觀點，自動裝置是一種能夠接收訊號、處理訊號並再次送出訊號的裝置。從這種意義上來說，「或」、「與」、「非」等邏輯元件，本身就是一種最為簡單的自動裝置。因為它們能把輸入的訊號，按一定的規律變換後再輸出。

我們關心的是：如何透過一個複合命題的真值，設計一種裝置來實現它。下面是一個生動而常見的例子：

一幢二層樓房，樓梯上裝著一盞路燈。在一樓廳中裝有開關 A；在二樓走廊裝有開關 B。要求扳動任何一個開關，都能改變路燈的亮與暗的狀態。例如：最初開關 A 和 B 均處於未接通狀態，路燈也暗著。現在甲為了上樓照明，在底樓扳動開關 A，路燈 X 因此亮了，上樓後為了節省用電，又扳動二樓的開關 B，使燈 X 熄了。此時乙也要上樓，他又扳動開關 A，於是路燈又亮了；……

問，應如何設計符合要求的開關線路？

把 X 看成基本命題 A、B 的複合命題，不難列出真值表（表 19.1）：

表 19.1 真值表

A	B	X
0	0	0*

0	1	1
1	1	0*
1	0	1

＊：終 0 列。

為了設計一種裝置，使之能夠實現複合命題 X 的邏輯運算，我們首先必須弄清楚這個命題的結構。在〈十八、思維機器的「腦細胞」〉中，我們曾經提過：根據複合命題的真值表，確定其邏輯和標準式的結構，是頗有一些技巧的。其實，這種技巧並不難掌握，它可以生動地歸納為以下四句口訣：

寫出所有積，比較終 0 列；

代入算真值，棄掉得 1 項。

口訣的第一句，意思是要寫出所有可能的基本命題及其否定的積。由於出現在積中的每一個命題都有原型命題和否命題兩種狀態，因此如果問題中基本命題數為 n，那麼上述可能的積共有 2^n 項。例如上例中，基本命題有兩個（A，B），則所有的積共有 $2^2 = 4$ 項，它們是

$$AB, A\overline{B}, \overline{A}B, \overline{AB}$$

口訣的第二句開始，即告訴我們對 2^n 項可能的積，應如

何加以取捨。關鍵是「比較終 0 列」。「終 0 列」是指最終輸出為「0」的那些列，正如上例的真值表中，我們打有「＊」號的第一列和第三列。接下來，是把這些列相應的 A、B 代入所有的項，分別算出各項的真值。如果某項算出的真值為 1，那麼該項必須捨棄。沒有被捨棄的項相加，即得所求的邏輯和結構式。這便是口訣的結論。對於上例，我們把打有「＊」列的 A、B 值代入所有的 4 個項。有：

（1）當 $A = 0$，$B = 0$ 時，$\overline{AB} = 1$，則 $\overline{AB}$ 項棄去；

（2）當 $A = 1$，$B = 1$ 時，$AB = 1$，則 AB 項棄去。

這樣，在所有 4 項中，只留下 $\overline{A}B$ 與 $A\overline{B}$ 兩項。於是得

$$X = \overline{A}B + A\overline{B}$$

相應於這個複合命題的機能圖如圖 19.1，圖 19.2 是實現這種自動裝置的開關電路圖。

歸納一下本節和上節所見到的例子，我們知道設計一個關於複合命題 X 的自動裝置，大致可以分以下幾個步驟：

（1）列出複合命題 X 的真值表；

（2）確定 X 的邏輯和結構；

（3）簡化 X 的邏輯式；

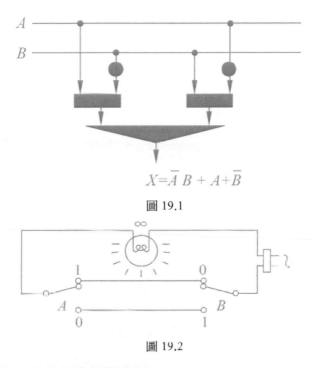

$$X = \overline{A}\,B + A + \overline{B}$$

圖 19.1

圖 19.2

（4）畫出相應的機能圖；

（5）選擇邏輯元件，確定自動裝置的電路圖。

　　對大多數讀者來說，電燈的開關要遠比二極體或三極體等電子元件來得熟悉。開關的通與斷，可以用來表示命題的真值。而整個複合命題的真假，則由燈泡來指示。燈亮了，表示複合命題為真；燈不亮，表示複合命題為假。因而布林先生的命題代數，有時也叫「開關代數」。

　　開關電路的邏輯元件如圖 19.3 所示。

在〈十六、布林先生的命題代數〉中我們說過，蘊涵關係 $A \to B$ 的真假性與 $\overline{A} + B$ 相同，而後者是「非 A」和 B 的「或」電路（圖 19.4）。

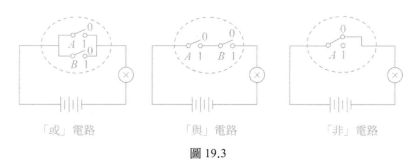

「或」電路　　　　　「與」電路　　　　　「非」電路

圖 19.3

利用上面開關電路的邏輯元件，我們可以根據機能圖確定相應的電路。在前面樓梯路燈的例子中，

$$X = \overline{A}B + A\overline{B}$$

邏輯式右端顯示：X 的開關電路應是 $\overline{A}B$ 和 $A\overline{B}$ 的「或」電路。而 $\overline{A}B$ 又是一個「非 A」及 B 的「與」電路，$A\overline{B}$ 則是 A 及「非 B」的「與」電路。圖 19.4 則非常明顯地展現出這個電路的結構。明眼人能夠看出，圖 19.5 跟上一頁看到的電路圖實際上是一樣的（開關間的虛線顯示同時操作）。

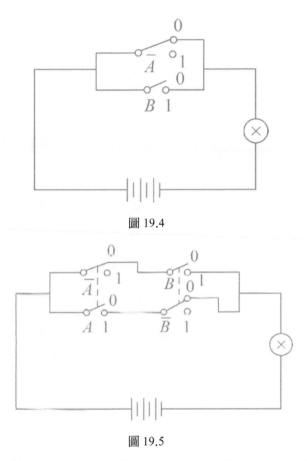

圖 19.4

圖 19.5

我想讀者一定不會只滿足於開關電路的設計，還希望能親自動手製作這類裝置。那麼，下面的問題肯定會為你帶來極大的樂趣！

[問題]：

1. 設計一個水位控制器，使水池裡的水常滿。

2. 設計一個旅館雙人房間的照明電路，要求房間入口處，兩人的床頭各裝一個拉線開關。當電燈亮時，拉動任何一個開關可以使電燈不亮；而當電燈不亮時，拉動任何一個開關可以使電燈變亮。

3. 設計一個 3 人投票裁決，多數同意通過的自動裝置。

4. 設計一種有 3 個按鈕的保密電子鎖，僅當同時按下按鈕 A、C 時，鎖 X 才能被開啟，其餘情況則響起警報。

5. 設計一種能算兩位數的二進位制數的乘法裝置。

$$\begin{array}{r} A\ B \\ \times\quad C\ D \\ \hline X\ Y\ Z\ W \end{array}$$

[設計提示]

1. 在高水位與低水位分別設定開關 B、A，水未達該水位，則有訊號輸出，則水泵的開關 X：

$$X = A + \overline{A}B$$

電路圖如圖 19.6 所示。

2. 設 3 個開關為 A、B、C，則燈 X：

$$X = \overline{AB}C + \overline{A}B\overline{C} + A\overline{BC}$$

圖 19.7 是它的機能圖，電路圖略。

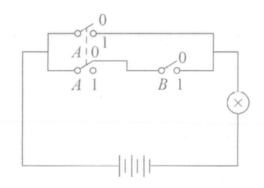

圖 19.6

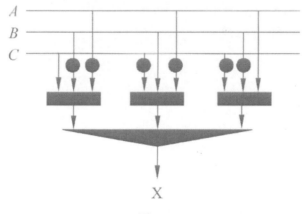

圖 19.7

3. 設 3 人投票的命題為 A、B、C，裁決結果為 X，則

$$X = AB + AC + BC$$

4. 設 Y 為報警命題，則

$$\begin{cases} X = A\bar{B}C \\ Y = \bar{X} = \bar{A} + B + \bar{C} \end{cases}$$

5.

$$\begin{cases} X = ABCD \\ Y = A\bar{B}C + AC\bar{D} \\ Z = \bar{A}BC + A\bar{B}D + A\bar{C}D + BC\bar{D} \\ W = BD \end{cases}$$

二十、

人腦與電腦，思路與程式

電腦的發明，是當代科技最為輝煌的成就之一。電腦不僅具有非凡的計算本領和超人的記憶能力，而且可以模擬人腦的某些思維功能，替代人類部分的腦力工作，因而獲得「電腦」的美稱。

電腦一般有 5 個部件，分為主機和外部裝置兩部分。主機含有 3 個部件：控制器、運算器和儲存器，外部裝置含輸入裝置和輸出裝置（圖 20.1）。

電腦的工作過程，類似於人打算盤。人的眼睛和耳朵相當於輸入裝置，它把聽到的聲音或看到的數字輸入大腦；人腦的中樞神經系統就是控制器，它指揮手去撥動算盤的算珠，算盤則相當於運算器，計算結果或直觀顯示，或用筆記錄，或由口讀出，這些都相當於輸出裝置，相關數據和計算方法，或記於腦中，或記於筆記，則大腦的記憶部分和筆記本便相當於儲存器。

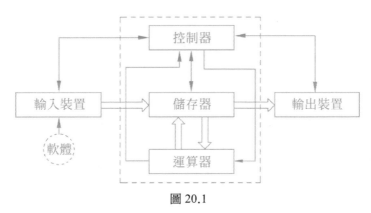

圖 20.1

電腦是靠控制器來指揮和協調整臺機器工作的。控制器究竟憑什麼來統攬全域性呢？原來靠的是人們事先編好的程式：電腦先算什麼，後算什麼；誰與誰進行比較；遇到何種情況如何處理……等。人們把自己腦中的思路，用一種電腦能「理解」的語言，編成程式輸入電腦，讓電腦嚴格而準確地依照人的意圖去自動執行。

各種電腦有它們各自能「理解」的語言。在國際上初級和通用的一種電腦語言叫「BASIC 語言」。翻開任何一本英漢字典，都可以查到 basic 一詞，含義是「基本的」。但這與 BASIC 完全是一種巧合！後者是 Beginner's All purpose Symbolic Instruction Code 的縮寫。譯文是：「初學者的通用符號指令代碼」。儘管它也有一點點「基本的」意思。

前面講過，程式是展現人腦中解題演算法步驟的一種電腦語言。因此，要編好一個程式，首先要畫出人腦演算法步驟的「框圖」，然後再照框圖的要求，用電腦語言寫出程式。以下我們觀察幾個數學上頗為著名的例子。

這個問題已有兩百多年的歷史，問題是：

$$S_n = 1 + \frac{1}{2} + \frac{1}{3} + \cdots + \frac{1}{n} - \ln n$$

當 n 很大時，越來越接近於一個常數 C。這個常數 C 是

18 世紀瑞士數學家尤拉於 1735 年首先發現的，因此也稱尤拉常數。有趣的是，尤拉常數究竟是有理數還是無理數，人類研究了將近 3 個世紀，至今依然是一個謎！

尤拉常數大約等於多少呢？我們請電腦幫我們算一算，假定 n 取 1,000，演算法步驟是：

因為

$$S_n - S_{n-1} = \left(1 + \frac{1}{2} + \frac{1}{3} + \cdots + \frac{1}{n} - \ln n\right) -$$

$$\left[1 + \frac{1}{2} + \frac{1}{3} + \cdots + \frac{1}{n-1} - \ln (n-1)\right]$$

$$= \frac{1}{n} - \ln \frac{n}{n-1}$$

$$= \frac{1}{n} + \ln\left(1 - \frac{1}{n}\right)$$

所以

$$S_n = S_{n-1} + \left[\frac{1}{n} + \ln\left(1 - \frac{1}{n}\right)\right] \quad (n \geqslant 2)$$

由此可得：

$$S_1 = 1 - \ln 1 = 1$$

$$S_2 = S_1 + \left[\frac{1}{2} + \ln\left(1 - \frac{1}{2}\right) \right]$$

$$S_3 = S_2 + \left[\frac{1}{3} + \ln\left(1 - \frac{1}{3}\right) \right]$$

$$\vdots$$

$$S_{1000} = S_{999} + \left(\frac{1}{1000} + \ln\left(1 - \frac{1}{1000}\right) \right)$$

演算法框圖如下：

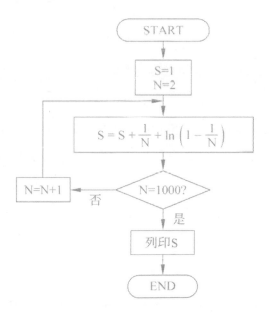

]LIST

10 S ＝ 1 ： N ＝ 2

20 S ＝ S ＋ 1/N ＋ log（1-1/N）

30 IF N ＝ l000 THEN60

40 N ＝ N ＋ 1

50 GOTO 20

60 PRINT 「C ＝」; S

70 END

以上是相應的 BASIC 程式。把這個程式輸入電腦（例如 Apple II 機）可以算得：

$$C = 0.577715687$$

而尤拉常數的真值 C ＝ 0.577216……，所得結果已經與真值相當接近了！

下面是一個令人迷惑的問題，它曾經引起很大的轟動，許多人做過努力，但至今仍無所獲。事情是這樣開始的。1930 年代，德國漢堡的一名學生考拉茲（Collatz）發現了一個奇怪的現象：任意寫一個自然數，如果是奇數，將它乘以 3 再加 1；如果是偶數，則將它除以 2。反覆照此辦理，之後便會出現一個有趣的現象，似乎數字掉進一個「陷阱」，最後總是出現：

$$4 , 2 , 1 , 4 , 2 , 1 , 4 , 2 , 1 , \cdots\cdots$$

1950 年代，這個問題曾一度風靡美國，有一個時期，芝加哥大學和耶魯大學幾乎人人都在研究這個問題，但同樣毫無結果。有人甚至懷疑這是減緩美國數學研究的真正陷阱。這個問題在日本稱為「角谷猜想」，它是由日本著名數學家角谷靜夫帶回日本的。

讓我們用電腦驗證這個猜想。演算法框圖如下：

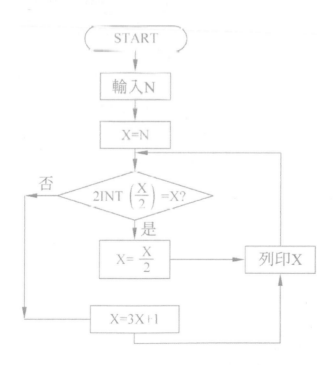

二十、人腦與電腦，思路與程式

```
]LIST
10 INPUT N
20 X = N
30 IF X = 2.INT（X/2）THEN 70
40 X = 3.X + 1
50 PRINT「」; X ;「,」;
60 GOTO 30
70 X = X/2
80 GOTO 50
90 END
```

以上是相應的 BASIC 程式。不過，若把它輸入電腦，它會無窮無盡地寫下去。例如 $N = 538$，我們有：

```
]RUN
？538
```

269，808，404，202，101，304，152，76，38，19，58，29，88，44，22，11，34，

17，52，26，13，40，20，10，5，16，8，4，2，1，4，2，1，4，2，1，4，2，1，……

為了不讓機器無休止地運轉，只有強迫停機。辦法是：鍵入以下命令：Ctrl + C。

現在我們再來看看電腦是怎樣模擬人腦的思維功能。以

下是一道有關名次的趣味題，類似的問題，讀者在〈九、巧解邏輯難題〉一節曾經遇到過。

3 位學生對某次數學競賽的成績進行了如下的預測：

甲認為：「小紅得第一名，小劉得第三名」；

乙認為：「小張得第一名，小陳得第四名」；

丙認為：「小陳得第二名，小紅得第三名」。

競賽結果顯示，他們每人恰好都只說對了一半。試排出每人的名次。

以下是用電腦邏輯語言編制的一個 BASIC 程式：

```
10 FOR A ― 1 TO 4

20 FOR B = 1 TO 4

30 IF A = B THEN 90

40 FOR C = 1 TO 4

50 IF C = A OR C = B THEN 80

60 D = 10-A-B-C

70 IF (A = 1) + (B = 3) = 1 AND
(C = 1) + (D = 4) = 1 AND (D = 2) + (A = 3) = 1

THEN PRINT「XIAO HONG DI」; A,
「XIAO LIU DI」; B,「XIAO ZHANG DI」;
C,「XIAO CHEN DI」; D
```

80 NEXT C

90 NEXT B

100 NEXTA

110 END

執行結果是

]RUN

XIAO HONG DI 4 XIAO LIU DI 3

XIAO ZHANG DI 1 XIAO CHEN DI 2

即：小張第一，小陳第二，小劉第三，小紅第四。

在上面程式中，我們利用了 3 個套著的循環語句。但最主要的是 70 語句的執行。這個語句要求當 A ＝ 1 或 B ＝ 3，C ＝ 1 或 D ＝ 4，D ＝ 2 或 A ＝ 3，3 個條件都滿足時才列印出來。

這個程式的演算法框圖是怎樣的？讀者不妨自己動手畫一畫。

二十一、

神奇的射流技術

在霧靄茫茫的海域，兩艘船艦正在急速地行駛，並悄悄地靠近。當雙方船長發現這個事實時，已經為時太晚。一種神奇的力量，把一艘船艦推向另外一艘，兩條船靠近的速度越來越快，一場悲慘的海難終於發生了！這是駭人聽聞的傳說嗎？不！這是事實，這樣的事件在海運史上並不少見。

$P_1 > P_2$

P_2

P_1

圖 21.1

拿一張薄薄的紙條，把一頭壓在嘴唇的下方，口中用力往外吹氣，紙條便會向上飄動。似乎有什麼力量從下往上托著，使紙張不會因重力而懸垂下來（圖 21.1）。

這是為什麼呢？瑞士數學家丹尼爾·白努利（Daniel Bernoulli，1700～1782）對此做了如下解釋：高速的流體在其周圍形成了一個低壓區，流體速度越高，壓力越低，與外

面的壓力差越大，這種壓力差能把鄰近的東西壓向流體。這就是流體力學中著名的白努利原理。上面說到的兩艘船自動靠近、薄紙條被托起來等現象，都是由於這種道理。

現在我們設想從噴嘴裡噴出一束高速的射流，就像高壓水龍頭射出的水束，或用力從針筒的針尖壓出液流那樣。然後用一塊厚平板（壁）去靠近噴嘴，這時一個奇怪的現象發生了：射流先是逐漸向板壁傾斜，最後完全貼附在板壁上。圖 21.2 描繪了這種奇特的附壁現象。

圖 21.2

1960 年代，隨著自動化技術的發展，人們對耐高溫、耐高壓、耐震動和不受電磁干擾的自動化元件提出新的要求。於是，射流的附壁特性又重新喚起了人們的記憶，射流技術應運而生。人們利用射流的附壁原理，巧妙地設計出許多射流元件，這些元件在一定場合用來替代由真空管、電晶體組成的電子元件，將使自動化裝置工作得更加穩定。

圖 21.3 是 6 個較為主要的射流元件，這些元件也和〈二十、人腦與電腦，思路與程式〉中講過的電子元件一樣，能夠產生思維機器的「腦細胞」的作用。了解一下這些「腦細胞」的工作過程，無疑是十分有益的。

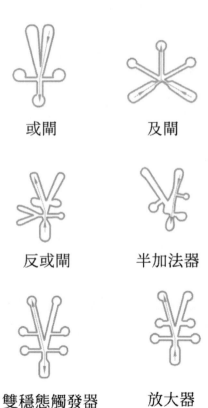

或閘　　　　及閘

反或閘　　　半加法器

雙穩態觸發器　　放大器

圖 21.3

圖 21.4 是一個射流的「反或閘」元件。

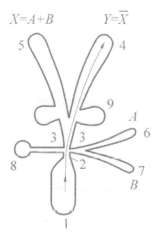

圖 21.4

1—氣室；2—噴嘴；3—左右壁；4、5—輸出通道；6、7—控制通道；8—偏壓孔；9—排流孔

由於「反或閘」元件的幾何圖形是不對稱的，右壁比左壁更靠近噴嘴，因而當偏壓孔與大氣相通時，由噴嘴噴出的射流，便附在更靠近的右壁上，並由通道 4 輸出。現在假定通道 6 輸入訊號 A 或通道 7 輸入訊號 B，此時有壓氣流便把射流切換到左壁去，從而通道 5 變得有訊號輸出。通道 5 的訊號可以一直持續到 A、B 訊號消失為止。這時射流自動切回右壁，並由通道 4 輸出。如果我們把有訊號記為「1」，而把沒有訊號記為「0」，於是便有表 21.1 所示結果。

表 21.1 結果

A	B	X	Y
0	0	0	1
0	1	1	0
1	0	1	0
1	1	1	0

這意味著：

$$\begin{cases} X = A + B \\ Y = \overline{X} = \overline{A} \cdot \overline{B} \end{cases}$$

這與電子邏輯元件中的「或閘」和「反及閘」得到的結果是相同的，「反或閘」這個名稱大概就是由此而來。

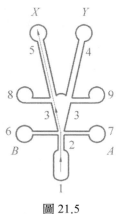

圖 21.5

射流元件的「記憶」，是由雙穩態觸發器實現的，這是一種幾何形狀對稱的元件（圖 21.5）。開始時，噴出的射流是隨機貼附在 4、5 兩通道中的一個（例如通道 5），並形成一種穩定的附壁狀態。當控制通道 6 輸入訊號 B 時，有壓液流即把射流切換到通道 4，也形成一種穩定的附壁狀態。這時即使通道 6 的輸入訊號 B 消失，如果通道 7 沒有訊號，那麼通道 4 的穩定附壁不會破壞。這意味著，由通道 4 輸出的訊號 Y，「記住」了訊號 B。同理，由通道 5 輸出的訊號 X，「記住」了訊號 A。

　　圖 21.6 是一個利用射流元件，實現水位自動控制的設計。設計要求水位 h 控制在 h_2 與 h_1 之間（$h_1 > h_2$）。設計中我們用了兩個「反或閘」元件和一個「雙穩」元件。

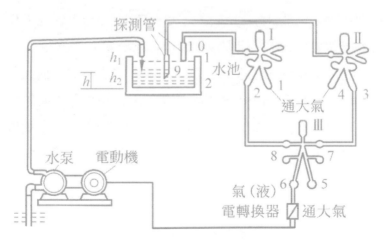

圖 21.6

圖 21.6 裝置的工作原理如下：

當水位 $h<h_2$ 時，探測管 9 與大氣相通，「反或閘」元件 II 的通道 3 有訊號。這訊號加入「雙穩」元件的控制通道 7，使通道 6 輸出訊號，並經轉換器變為電訊號，使水泵向水池供水。

當 $h_2<h<h_1$ 時，由於管道 9 堵塞，「反或閘」元件 II 的通道 3 訊號消失。但這時由於「雙穩」元件的「記憶」，通道 6 仍有訊號輸出，水泵依然不斷向水池供水。

當 $h>h_1$ 時，探測管 10 堵塞，「反或閘」元件 I 的通道 2 有訊號。這個訊號加入「雙穩」元件的控制通道 8，使射流由通道 6 切換到通道 5。通道 6 訊號消失。水泵停止工作。

當水位降低，再次有 $h_2<h<h_1$ 時，雖然探測管 10 此時通大氣，「反或閘」元件 I 的射流自動切回通道 1，致使通道 8 沒有訊號輸入。但由於「雙穩」元件的「記憶」，通道 6 依舊沒有訊號輸出。水泵繼續停止工作，直至 $h<h_2$ 為止。

從上面簡單的水位控制的例子，讀者已經看到射流元件神奇的邏輯功能。不過，要說明的是：射流技術雖然有許多優點和意想不到的作用，但由於射流是靠流體流動來實現的，它的速度遠不能與電流的速度相比，因而它不可能替代電子技術。

以下的評價將不過分：

電子技術和射流技術是現代科技的一對姐妹花！

二十二、

錯覺的漩渦

著名的英國博物學家，進化論的奠基人達爾文（Charles Darwin，1809～1882）有一句幽默的名言：「大自然是一有機會就會說謊的。」當然，說謊的並非大自然，而是假象讓人造成的錯覺。

徐霞客（1586～1641）是明朝著名的地理學家。有一次，他到雲南大理的點蒼山，看到了海拔 2,030 公尺的雲弄山麓有一處「蝴蝶泉」。他在一篇遊記中寫道：「……又有真蝶千萬，連鬚鉤足，自樹巔倒懸而下，及於泉面，繽紛絡繹，五色煥然。」

有一個姓趙的遊人來到泉邊觀賞，發現了一種奇怪的現象：在泉邊飛舞的蝴蝶軀體小，成串倒掛在樹枝上的軀體大，白天倒掛的、晚上飛走了！他感到很奇怪，便請教蝶類專家。專家說：「白天倒掛的應該不是蝶，而是蛾。蛾晝伏夜動、軀體大，蝶晝動夜伏、軀體小。」於是他寫下了《蝴蝶泉邊的發現》一文，證實了千百年來對「蝴蝶泉」的叫法是個錯覺！

如果一個關於自然界事物的命題是真實的，我們便稱為事實。然而單憑直觀感覺來判斷，很可能會讓人陷入錯覺的漩渦。直覺的偏見，而導致非科學的推理，在科學史上屢見不鮮！

最為生動的例子莫過於地心說。人們清晨看到太陽從東方地平線上冉冉升起，傍晚又見太陽從西方地平線上徐徐下落。太陽的上升與下落，讓人類感覺到白晝與黑夜。因此，有幾千年時間，人們以為地球是宇宙的中心，而星星和太陽

都圍繞著地球運轉。這種假象所造成的偏見，是如此根深蒂固地植入那個時代人們的腦海，以至於當發現在地球上觀察一個行星，它好像是照回線運動時（圖22.1），依然對錯誤的偏見深信不移。圖22.2是在 6 ～ 8 週時間內，在地球上觀察到的著名行星在恆星圖案中繪出的運動路線。這種路線正如大家看到的那樣，表現為極其美麗和規則的回線。所畫行星的名稱，從上到下依序是：水星、金星、火星、木星和土星。今天，「地心」的錯覺已經恢復了本來的面目，大概沒有什麼人會懷疑地球是圍繞太陽轉的了。幾乎所有學生也都知道，由於地球的自轉，帶來了黑夜與白天！

圖 22.2

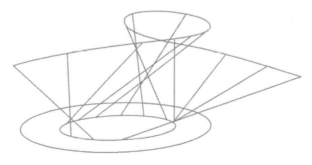

圖 22.1

　　背景的干擾，常常會產生光學的錯覺，下面是一些有趣的例子。

　　當你注意圖 22.3 的圖案時，你似乎會感覺到白線的相交處有隱隱約約的陰影。這是因為相交點，周圍黑色較少，黑白對比沒有非交點處強烈。

　　圖 22.4 的 4 條水平線段其實是等長的，但看起來似乎長短不一。這種錯覺產生的原因，是由於你的眼睛只注意箭頭內的終點，而不隨之到尖端。

圖 22.3

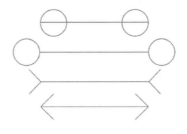

圖 22.4

圖 22.5 的黑框實際上是兩個正方形，由於背景線條的干擾，很可能會產生變形的錯覺。

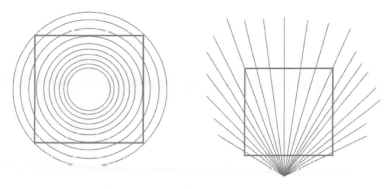

圖 22.5

圖 22.6 的 7 條斜向直線都是平行的，但在你的最初感覺中，一定會以為它們是歪七扭八的。

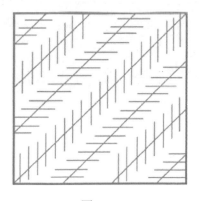

圖 22.6

拋棄直覺的偏見，需要敏銳的觀察和科學的思維。只有摒棄「想當然」，才能識別假象。

19 世紀中葉，德國著名化學家尤斯圖斯‧馮‧李比希（Justus von Liebig，1803 ～ 1873）到英國進行考察。有一天，他在一家製作「柏林藍」的工廠，看到了製作這種顏料的過程：把動物的皮和血與某種藥水調和、放在鐵鍋中煮。在加熱的同時，用一根鐵棍用力地在鍋裡不斷攪拌，攪拌時發出極大的聲響。主人介紹說：「攪拌鍋裡的溶液時，攪的聲音越大，柏林藍品質越好！」

然而李比希卻從假象中領悟到本質。他在信中寫了以下一段話：「用這種材料製作柏林藍，另加一些含鐵的化合物就行了，並不需要發出響聲。因為用力摩擦鍋子，無非是想把鍋上的鐵屑摩擦下來，使它與液料化合而製成柏林藍。這種做法雖不是毫無道理，但做出來的柏林藍品質卻不一定好，而更重要的是，浪費了勞動力。」

以下這個有趣的問題，對了解「想當然」的危害是再好不過的了！

兩個人對一幅畫展開了爭論。

甲說：「月亮發光的部分接近正圓，所以這一天是農曆十五或十六。」

乙說：「怎麼會是農曆十五呢？農曆二十左右吧，月亮缺角呢！」

聰明的讀者，你能判定
誰說的對嗎？可能你已經猜
到了，甲說的是對的！圖中
的「月缺」只是一種假象，
一定是被看不見的什麼物體
遮住了。因為月亮被太陽光
照射，它將近有一半是發亮
的。所以地球上看到的月亮
圖形，它的兩個尖點連線應
大致通過圓心（圖 22.7）。而

畫中的月亮圖形顯然不具備這個性質，因此判定圖中缺的部分
是被別的物體遮住了。看來乙說的「月缺」只是一種錯覺。

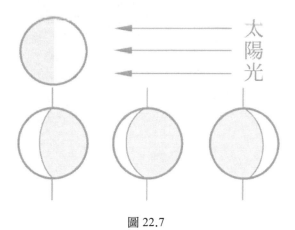

圖 22.7

以下是一道幾何上有名的錯覺證明的例子。

已知：在四邊形 $ABCD$ 中，$AB = DC$

求證：$AD \parallel BC$

證明：如圖 22.8 所示，令線段 AD 與 BC 的垂直平分線相交於 E 點。已知：

$\triangle ABE \cong \triangle DCE$（$S.S.S$）

故 $\angle 1 = \angle 2$

因為 $\angle 3 = \angle 4$（$EA = ED$）

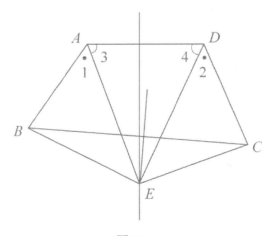

圖 22.8

所以 $\angle BAD = \angle CDA$

同理可證 $\angle ABC = \angle DCB$

因為 四邊形內角和為 $360°$

所以 $\angle DAB + \angle ABC = 180°$

從而 $AD \parallel BC$

證畢

學過幾何的讀者都知道，結論肯定是不對的！那麼問題出在哪裡呢？我想，只要讀者仔細思索，破綻是一定會被找到的。

在本書的前面章節，我們曾經多次說過，人類的正確思維基於下述兩點：一是事實，二是推理。事實是推理的依據，推理則是連線事實與結論的紐帶。然而，錯覺常常讓人們的思維陷入一種漩渦。因此當我們檢驗相關事物的真實性，並作邏輯推理時，不要忘記我們感官上可能產生的錯覺，多問幾個為什麼！

二十三、

識別偽科學

科學沒有疆界，人類正以前所未有的勇氣，開拓著一個又一個未知的領域！然而，只要世上還有科學無法闡明的現象，掛著科學的「羊頭」、賣著迷信的「狗肉」的偽科學，就會有一些市場。

古往今來，有不少科學家被自己所處時代的人斥為「異端」，然而他們堅持的卻是真理，像哥白尼、伽利略、達爾文等人都是。

那麼，科學與偽科學的界限究竟在哪裡呢？在〈二十二、錯覺的漩渦〉中我們講到，科學大廈的基石，一是事實，二是推理。事實，要求科學家們具有嚴肅認真的態度，踏踏實實的腳步，尊重並利用已經肯定了的科學成果。科學家們並不總是信任感官，因為他們意識到錯覺可能存在。在他們的腦中，更多的是諸如：「這是真的嗎？」「我要怎樣才能確定呢？」這類的問題。關於推理，科學家們嚴格依照「假設 —— 演繹」的方法，透過新的觀察來檢驗自己的假設。如果新的觀察顯示原先的假設是錯誤的，他們會毫不留情地摒棄這種假設。因而，儘管科學的道路會有曲折和分岔，但只要尊重科學，還是能殊途同歸，抵達真理的彼岸。

偽科學則與此相反，那是以信仰為基礎的臆說。在那裡，客觀的事實被隨意扭曲，科學的成果被任意撥弄。其目

的只有一個，就是把人們引向愚昧，引向唯心主義的「迷宮」。

西方偽科學種種，最具世界性影響的要數艾利希·馮·丹尼肯先生和他的《諸神的戰車？未解之謎》（*Chariots of the Gods?*）。剖析一下這個怪人奇想，對於識別偽科學無疑是極為有益的。

1968 年，34 歲的瑞士學者艾利希·馮·丹尼肯寫成了一本書，叫做《諸神的戰車？未解之謎》。這是一本十分奇特的書，作者把自己 15 年來周遊世界蒐集的一些神話、傳說、文物、遺址數據 —— 其中當然不乏捕風捉影和道聽塗說 —— 根據自己極為豐富的想像力，描繪了一幅數萬年前外星太空人光臨地球的情景，然後斷言上帝是存在的，上帝就是這些外星太空人們的領袖；現今地球上的一切文明，都是這些「神」們安排的，散布在世界各地的、神祕莫測的古文物和遺址，以及目前世界上許多稀奇古怪的現象，都是「外星人」降臨地球的「佐證」。

《諸神的戰車？未解之謎》問世以後，的確風靡一時，原因除了駭人聽聞以外，當然還有一些寫作技巧。例如作者一開頭就採用了赤裸裸的激將法：「外行人在發現、發掘過去，要比預測將來更神祕、更冒險之後，又會重新縮回到他們一向住慣了的蝸殼之中」，「寫這本書要有勇氣，讀這本書

也要有勇氣」。誰願意承認自己沒有「勇氣」？誰願意甘居「蝸殼」？因此這種露骨的「激將」語言，也獲取了一部分無知的讀者。

讓我們來看看丹尼肯依據的是什麼事實吧！遠的且不說，就說書中提到的關於古代中國的事情吧！

丹尼肯說：「在周處（死於西元 297 年的西晉時代）墓中有一條鋁腰帶斷片。」他認為這是古代不可能有的技術成就，以此來證明外星太空人到過地球。然而這個事實本身已被正式否定。1972 年，考古研究所對此作了總結，證實該墓在歷史上曾被盜兩次，發掘時墓內有明顯的破壞痕跡，而所清理出的小殘片，是從淤土中盡可能揀出來的，不能排除小塊鋁片是後世的混入物。

在《諸神的戰車？未解之謎》中還有一處提到：「在中國雲南省昆明發現了一些雕刻，上面刻著圓柱形類似火箭的裝置，直指天空。這些圖形刻在一塊尖塔形的石頭上，而這塊石頭是在一次地震中，從滇池中突然冒出來的。」其實，這只不過是一則以訛傳訛的消息！

類似的事例還有很多，我們完全有理由懷疑，他所描述的關於世界各地的一些素材，也未必都符合客觀事實。

現在再看看丹尼肯是如何編織自己的「推理網路」。這種扭曲的思維，為本書提供了絕佳的反例！

丹尼肯寫道：「人類知識的支柱有多少次曾經被推倒！千百年間，人們一直以為地球是平的，太陽圍繞著地球轉。這個『鐵』一般的定律，曾經頑強地維持幾千年，然而它終於被推倒了！」由此他推出的結論是：既然人類知識支柱曾經被推倒過多次，那麼今天人類的知識支柱就非被推倒不可！

　　從數學角度來看，丹尼肯的推理方法是：「若 $n = 1$，$n = 2$ 甚至 $n = 3$ 時命題成立，那麼對於任何的 n，命題一定成立」。這種不完全歸納所可能產生的謬誤，讀者在〈十一、步向真理的階梯〉中已經了解得十分清楚。

　　不僅如此，丹尼肯還善於採用「若 $n = k$（$k > 1$）時命題成立，則 $n = 1$ 時命題必定成立」這類令人驚訝的「推理術」。請看《諸神的戰車？未解之謎》中的一段絕妙的描述。作者想像：有朝一日我們的太空人踏上了異星的土地，那裡的理智生命是怎樣看待我們這些不速之客？「當夜晚變得如同白天一樣明亮（探照燈），他們驚訝了；當這些陌生人毫不費力地飛到空中時（火箭），他們害怕了；當莫名其妙的『動物』，在空中翱翔，發出嗡嗡聲和噴氣聲時，他們又一次俯伏在地；而當山中響起嚇人的隆隆聲時（試探性爆炸），他們奔進洞穴的安全地方躲起來。毫無疑問，對這些原始人來說，我們的太空人就好像是全能的神！」結論是：

既然我們到別的星球去會有如此這般的遭遇，那麼過去的外星人也一定這樣到過我們地球！把丹尼肯所說的話概括為一句就是：「今後想做的東西，過去一定有過！」這實在是荒謬至極！

天地之大，無奇不有。丹尼肯沒有忘記抓住一些「世界之謎」做文章。他窺測讀者心理，採用時真時假的方法，把當今世界難解之謎一統劃入他的偽科學版圖。

比如，丹尼肯拿出一張 18 世紀土耳其海軍上將皮瑞·雷斯用過的地圖說：「這張地圖精確得不可思議……標繪在下端的南極洲與用迴聲探測法測出的冰下地貌十分相像。」推論是：「我們應該大膽地捅馬蜂窩，宣布這些有關地球的地圖，是在高空飛行器或太空船上繪成的。這只能是外星人做的，當然，這位土耳其海軍上將的地圖不是原本，而是抄了又抄的複本。」然而，當把南極洲的地圖與海軍上將的地圖做比較，從中我們就能發現，丹尼肯所說的地圖的「精確」度，究竟需要打多麼大的問號！

對撒哈拉的塔西里發現的壁畫，丹尼肯以斬釘截鐵的口吻說：「畫中的人穿著套裝，戴著奇特的頭盔，這又一次表現出原始人不尋常的概念，因此只有可能是外星人的寫照。」

類似上面的例子，在丹尼肯的書中真是俯拾皆是！

難道人類所創造的文明竟是鏡花水月？難道生活在地球上的人類自身，竟是如此無能？嚴肅、理性的科學面臨著非理性的挑戰！1975 年，科學家們決定起來應戰了！包括 19 位諾貝爾獎得主在內的共 186 位著名科學家聯合簽署公開宣告，批判形形色色的偽科學。許多知名學者共同編寫了《科學與偽科學》等一系列書籍，對非科學的思維和臆想，進行了公開的揭露。地質學家卡佐和考古學家斯各特進行了世界旅行，用嚴格的科學方法，重新考察了諸如百慕達三角、不明飛行物、古代太空人之謎、復活節島石像、奇異的金字塔、神祕的馬雅文化等奇事，得出了與丹尼肯完全相反的結論，並寫了《奇事再探》一書。這是一本值得一讀的書，因為它告訴我們什麼是真正的科學思維，以及怎樣去識別偽科學的謬誤。

二十四、

數學家和數學思維

　　當人們談論數學家的時候，總喜歡把他們描寫得與眾不同，要麼成天待在教室的黑板前推算深奧莫測的公式，要麼一杯開水、一塊饅頭，躲在斗室裡思考什麼猜想。似乎他們的生活本身就像直線和圓周那麼單調和古板。其實，這樣的描寫是不盡然的。

　　大多數的數學家未必有神童般的幼年。「聰明在於學習，天才由於累積」，這是已故著名數學家華羅庚教授留給後人的至理名言。

　　自然界無處不存在形和數，這些形和數以幾乎均等的機會，充斥於每個人的周圍。但並不是所有人都對形與數抱有同樣的興趣。舉例來說，對語言學家而言，英語拼音中的 26 個字母，只是一種符號。這種符號對他們至關重要的是發音和拼讀。但在數學家眼裡，則全然是另外一回事，他們把 26 個字母抽成以下 5 類：

A M T U V W Y

B C D E K

N S Z

H I O X

F G J L P Q R

各類依次與下列 5 種方程式相對應：

$y = x^2$；$y^2 = x$；$y = x^3$；$x^2 + 3y^2 = 1$；$y = x + x^2$。

當你把這些字母與相應方程式所表示的圖形擺在一起時（圖 24.1），你一定會對數學家豐富的想像力和敏銳的觀察力，肅然起敬！

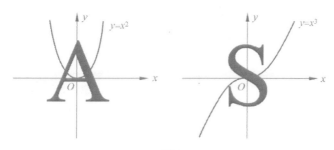

圖 24.1

　　數學同樣需要試驗，但一個造詣良深的數學家，只需少量的嘗試便能洞悉問題的實質，這類例子在本書中並不少見。一些實際問題，在數學家手中能夠魔術般地表述為面目全非的模式，然後用數學的方法加以解決。正如英國科兌學院布林教授那樣，用字母代表命題，而後建立起一種異乎尋常的邏輯代數。

　　數學家的思維方式，類同於科學思維的 5 個階段，即：

　　（1）觀察表述；

　　（2）歸納假設；

　　（3）演繹推理；

　　（4）驗證拓廣；

　　（5）引出結論。

幾千年來，由於無數數學家的辛勤耕耘，這個數學思維的幼苗，已經長成枝葉茂盛、果實纍纍的參天大樹。這裡介紹的只是思維規律的若干成果。作者之所以奉獻這本書，是希望能與讀者共享人類智慧的這部分財富！

電子書購買

爽讀 APP

國家圖書館出版品預行編目資料

思辨的螺旋，數學中的邏輯結構：從科學問題到
生活應用，都可以用邏輯推演來解決？看看數
學思維如何建構這個世界！ / 張遠南，張昶 著．
-- 第一版 . -- 臺北市：崧燁文化事業有限公司，
2024.05
面；　公分
POD 版
ISBN 978-626-394-295-0(平裝)
1.CST: 符號邏輯
156　　　113006535

思辨的螺旋，數學中的邏輯結構：從科學問題到生活應用，都可以用邏輯推演來解決？看看數學思維如何建構這個世界！

臉書

作　　　者：張遠南，張昶
發 行 人：黃振庭
出 版 者：崧燁文化事業有限公司
發 行 者：崧燁文化事業有限公司
E - m a i l：sonbookservice@gmail.com
粉 絲 頁：https://www.facebook.com/sonbookss/
網　　　址：https://sonbook.net/
地　　　址：台北市中正區重慶南路一段 61 號 8 樓
8F., No.61, Sec. 1, Chongqing S. Rd., Zhongzheng Dist., Taipei City 100, Taiwan
電　　　話：(02) 2370-3310　　傳　　真：(02) 2388-1990
印　　　刷：京峯數位服務有限公司
律師顧問：廣華律師事務所 張珮琦律師

定　　　價：350 元
發行日期：2024 年 05 月第一版
◎本書以 POD 印製
Design Assets from Freepik.com